Jules-Émile Planchon

Le Phylloxéra en Europe et en Amérique

Techniques

ISBN : 978-1544198262

10 9 8 7 6 5 4 3 2 1

Jules-Émile Planchon

Le Phylloxéra en Europe et en Amérique

Techniques

Table de Matières

I. L'origine du phylloxéra, ses ratages et les moyens de le combattre.   6

II. La vigne et le vin aux États-Unis.   32

I. L'origine du phylloxéra, ses ratages et les moyens de le combattre.

De tout temps, les relations établies entre les peuples par la conquête, le commerce, les explorations scientifiques, ont amené l'introduction réciproque de végétaux et d'animaux utiles ou nuisibles. Dans l'antiquité, le courant principal de ces échanges allait, comme la civilisation elle-même, d'Orient en Occident, de la vieille Asie vers l'Europe d'abord barbare et bientôt à son tour conquérante et civilisatrice. Au moyen âge, ce mouvement se poursuit dans le même sens par les Arabes, les croisades et le commerce de la Méditerranée ; il s'étend, dans les temps modernes, vers le Nouveau-Monde, dont les régions tempérées reçoivent à la fois nos céréales, nos arbres fruitiers, nos animaux domestiques, tous les produits de longs siècles d'efforts et d'expériences d'une série de civilisations successives. En retour, l'Amérique nous donne la pomme de terre, le maïs, le topinambour, la patate, le tabac, le cochon d'Inde, le coq d'Inde, la cochenille, bien moins en somme qu'elle n'a reçu de nous.

Cette inégalité dans l'échange entre les deux mondes est moins accusée à l'égard des produits nuisibles. Si les mauvaises herbes de nos cultures s'importent trop naturellement dans les régions de l'Amérique où le climat leur est propice, si notre cardon épineux envahit les immenses pampas de la Plata, si nos chiendens, nos orties, infestent les champs et les jardins des États-Unis, en revanche c'est de la Plata que nous viennent les lampourdes et certains amarantes, véritable peste des vignobles du sud de l'Europe ; l'érigeron du Canada pullule dans nos terrains sablonneux, une obscure plante aquatique, l'*elodea canadensis*, obstrue les canaux et les rivières en Ecosse, en Angleterre, en Allemagne ; une moisissure insidieuse, le *peronospora infestans*, attachée à la pomme de terre, affame l'Irlande et effraie l'Europe ; une autre cryptogame américaine, l'*oïdium*, ravage les vignes de notre continent et des îles Atlantiques ; enfuie comme pour se venger de nos importations nuisibles, — rats, blattes, chenilles du chou, pucerons du rosier et autres, cochenilles, charançon du blé, — les États-Unis nous envoient en moins d'un siècle deux insectes éminemment destructeurs, le puceron lanigère, fléau des pommiers, et le *phylloxéra vas-*

Jules-Émile Planchon

tatrix, qui s'est déjà trop fait connaître comme ravageur des vignes et surtout de la vigne européenne.

En consacrant quelques pages à cet infime animalcule, mon intention n'est pas d'en décrire par le menu les caractères et les mœurs ; je ne traiterai que des questions d'ensemble, telles que l'origine de l'insecte, sa diffusion graduelle dans les vignobles d'Europe, son vrai rôle dans la destruction des vignes, les modes de défense à employer contre ses ravages, enfin les moyens de replanter nos vignobles avec des cépages auxquels une constitution spéciale permettrait de lutter contre l'ennemi ou même d'échapper à ses atteintes.

I

Le *phylloxéra* est originaire des États-Unis d'Amérique. Cette assertion, contredite par quelques-uns, a besoin d'être démontrée et justifiée ; heureusement les preuves abondent et vont ressortir de l'historique même de la découverte de l'insecte.

En 1854, un entomologiste américain, M. Asa Fitch, chargé par l'état de New-York de l'étude des insectes utiles ou nuisibles à l'agriculture, découvrit, sur des vignes du pays, de petites galles ou verrues creuses faisant saillie à la surface inférieure de la feuille et s'ouvrant à la face supérieure par un orifice étroit et garni de poils. Au fond de chaque galle, il vit une sorte de pou à corps rebondi et convexe, à pattes courtes, à suçoir plongé dans le tissu de la feuille, à antennes coupées en bec de flûte. Presque inerte dans son étroite cellule, cette recluse, invariablement femelle, n'était qu'une sorte de machine à pondre, car ses œufs, accumulés autour d'elle, dépassaient parfois le chiffre de plusieurs centaines. De ces œufs sortaient des petits de dimensions exiguës, à marche relativement rapide, qui, se portant vers 1$ haut des pampres, et, piquant chacun un point d'une feuille naissante, déterminaient par cette piqûre la formation d'une galle nouvelle, où ils s'enfermaient pour y parcourir les mêmes phases d'évolution que leur mère.

Comparant sans doute ces galles aux vessies des feuilles de l'orme aux bourses des feuilles du peuplier, qu'habitent des pucerons nommés *pemphigus*, M. Fitch baptisa *pemphigus vitifoliœ* le nouvel insecte de la vigne. Il n'y vit d'ailleurs qu'un objet de curiosi-

I. L'origine du phylloxéra, ses ratages et les moyens de le combattre.

té scientifique, car les déformations produites ainsi sur quelques feuilles d'un arbuste plein de vigueur ne pouvaient donner l'idée d'un dommage sérieux. Bientôt cependant deux autres « entomologistes d'état, » feu Benjamin Walsh et Charles Riley, retrouvant le *pemphigus* d'Asa Fitch, en firent mention comme d'un insecte nuisible. De son côté, le docteur Henri Shimer, découvrant les mêmes galles et le même insecte, cette fois avec un individu pourvu d'ailes qu'il supposait être le mâle, en publiait en 1867 une description minutieuse, et, le séparant avec raison des *pemphigus*, l'appelait *dactylosphœra vitifoliœ*. Dans l'intervalle, le prétendu *pemphigus* était signalé de l'autre côté de l'Atlantique, dans des serres à raisins (*graperies*) de Hammersmith, près de Londres (1863), et de quelques points de l'Angleterre et de l'Irlande (1867-1868). Étudié par le célèbre entomologiste Westwood, cet insecte, réputé nouveau, reçut le nom de *peritymbia vitisana*. Notons que M. Westwood sut voir l'insecte sous une forme nouvelle, l'ayant trouvé à la fois sur les feuilles, dans les galles et sur les racines à l'état de suceur souterrain ; mais cette observation ne fut publiée qu'en 1869, à la suite de la découverte du phylloxéra dans le midi de la France.

Quelques années avant cette date, un mal inconnu minait certains vignobles des deux côtés du Bas-Rhône ; à Pujault, dans le Gard, on avait vaguement entrevu ce mal dès 1863 ; en 1867, il avait pris de telles proportions que, dans le Comtat, dans la Grau (Bouches-du-Rhône), sur les Alpines, aux environs de Tarascon, l'effroi des vignerons devint général. C'est alors qu'un vétérinaire d'Arles, M. Delorme, en fit connaître les caractères extérieurs sans en pressentir la vraie cause. Toujours disposés à rattacher les faits nouveaux des faits connus, Les paysans de Vaucluse appelèrent ce mal *le blanquet* ou *pourridié*, le confondant avec une maladie de la vigne qui se développe chez les ceps plantés sur défrichement de chêne ; mais, si les racines pourrissent dans ce dernier cas, c'est sous l'action d'un *mycélium* spongieux d'une odeur de champignon caractéristique : la pourriture des racines provoquée par le phylloxéra est une sorte de gangrène humide, avec une teinte noirâtre et sans trace d'odeur fongique.

Cependant, le mal augmentant toujours, la Société d'agriculture de Vaucluse et M. Gautier, maire de Saint-Remy, appelèrent en consultation une commission de la Société centrale d'agriculture de l'Hérault. Réunis au mois de juillet 1868, les délégués étudièrent avec attention les vignes atteintes. S'adressant naturellement aux plus malades, ils n'y trouvaient que des racines pourries, sans traces de champignon ni d'insecte, circonstance aujourd'hui bien expliquée, mais qui dérouta quelque temps l'investigation. Pourtant les allures de la maladie, cette expansion graduelle autour d'un premier centre et le long des lignes de ceps, tout indiquait une cause vivante. « Cela marche comme une armée, » nous disait dans son langage pittoresque le régisseur d'un domaine. Ces mots nous engagent à de nouvelles recherches. Un coup de pioche heureux met à nu quelques racines, sur lesquelles je vois à l'œil nu des taches et des traînées de points jaunâtres. La simple loupe décompose ces traînées en une poussière d'insectes, que leur parenté avec les pucerons et les cochenilles rend suspects à titre de suceurs. Deux jours de recherches nous les font voir en cent endroits, partout où la vigne souffre. Dès ce moment, un fait capital était établi : c'est qu'un insecte presque invisible, se dérobant sous la terre, s'y multipliant par myriades d'individus, amenait l'épuisement des ceps les plus vigoureux ; mais cet insecte, d'où venait-il ? Était-il décrit ? Quels étaient en tout cas ses alliés les plus proches ? Ces questions n'étaient pas faciles à résoudre du premier coup ; elles ne pouvaient même l'être qu'à la condition de trouver l'insecte sous tous ses états.

N'ayant vu d'abord que des insectes souterrains, dépourvus d'ailes, provisoirement désignés par moi sous le nom de *rhizaphis* ou puceron de racines, je cherchais obstinément la forme ailée que je supposais devoir exister. Cette forme existait en effet, et, l'ayant découverte à l'état de nymphe avec ses ailes encore enfermées dans leurs fourreaux, je la vis éclore le 28 août 1868 comme un élégant petit moucheron, pu plutôt comme une cigale en miniature, portant étalées à plat ses quatre ailes transparentes. Dès lors mon *rhizaphis* devenait un *phylloxéra,[1] car, sauf des diversités de détail il était difficile de le distinguer du phylloxéra quercus, insecte qui vit sous la feuille du chêne blanc et dont la présence se trahit par le jaunissement du point piqué. Voilà donc l'insecte de la vigne rapporté à son vrai genre ; restait à le reconnaître pour identique avec un insecte américain. Le premier pas dans ce sens fut le résultat d'un*

---

1 *Phylloxéra* veut dire gui *dessèche les feuilles.*

I. L'origine du phylloxéra, ses ratages et les moyens de le combattre.

heureux hasard. Le 11 juillet 1869, voyageant avec une commission de la Société des agriculteurs de France pour l'étude de la maladie nouvelle, je découvris à Sorgues (Vaucluse), sur deux ceps d'une variété de vigne appelée tinto, *de nombreuses galles pareilles à celles du* pemphigus *américain. Quelques jours après, M. Laliman retrouvait ces mêmes galles à Bordeaux, mais cette fois sur des cépages d'Amérique, dont plusieurs portaient sur leurs racines des phylloxéras. Soupçonnant que ces deux insectes, si différents en apparence, étaient des formes du même animal modifiées par le milieu, l'une à vie souterraine (type radicicole), l'autre à vie aérienne (type gallicole), M. Liechtenstein et moi eûmes l'idée que le* pemphigus vitifoliœ *de Fitch n'était rien autre que notre* phylloxéra vastatrix. *Cette hypothèse devint certitude lorsque d'une part nous eûmes établi par expérience la transformation du phylloxéra des galles en phylloxéra des racines, et surtout lorsque M. Riley, venant exprès d'Amérique en Europe, put affirmer l'identité des insectes des deux pays. Averti en effet par la découverte faite chez nous du phylloxéra des racines, ce sagace entomologiste retrouva sans peine en Amérique le même insecte dans les mêmes conditions, c'est-à-dire vivant sur les radicelles. Il s'expliqua dès lors pourquoi la vigne d'Europe a toujours succombé en Amérique, où le phylloxéra règne partout, et pourquoi des cépages américains souffrent plus ou moins des attaques de cet invisible suceur, alors même qu'aucune trace de galle ne se montre sur les feuilles. Établie par la comparaison des insectes sous tous leurs états, en Europe par M. Riley, en Amérique par moi, cette identité du* pemphigus *américain et du phylloxéra d'Europe ne saurait plus faire doute ; mais il s'agit de savoir quelle est la vraie patrie de l'insecte, dans quel sens l'importation s'en est faite, ou si par impossible l'espèce serait indigène à la fois dans les régions des deux côtés de l'Atlantique.*

A priori l'hypothèse d'un indigénat européen répugne presque au simple bon sens. Se figure-t-on un pareil insecte traversant sans se révéler des siècles de culture de la vigne, et tout d'un coup manifestant sa puissance par de véritables désastres ? Supposons même qu'il eût attendu pour sévir des conditions climatériques favorables, par quelle cause apparaîtrait-il simultanément sur les points les plus distants, — midi de la France, Bordelais, Autriche, Erfurt, Portugal, — irradiant toujours d'un centre et se répandant, par invasion autour de ces points de départ ? N'est-ce pas là le caractère des maladies importées ? — Mais, a dit M. Koressios, d'Athènes, le phylloxéra n'est pas nouveau en Europe : il n'est autre que le *phtheir* ou pou de la vigne décrit par Strabon, et que les Grecs modernes combattent encore par des moyens analogues à ceux qu'indique le vieux géographe.[1] Or, en recourant au texte cité, il est facile de voir que *phtheir* est une cochenille farineuse,[2] très voisine de la cochenille des serres et qui, répandue çà et là dans la région de la Méditerranée et de la Mer-Noire, attaque en été les parties extérieures de la vigne en les recouvrant d'une couche sirupeuse de miellat, sur laquelle se développe comme un enduit de suie la cryptogame appelée fumagine. En Crimée, le même insecte, lorsqu'il séjourne sur les racines, détruit des vignobles entiers à la manière du phylloxéra. — Mais, ajoute M. Nourrigat, de Lunel, votre maladie prétendue nouvelle a déjà ravagé l'Europe, surtout au XVIIIe siècle : c'est ce que les Allemands appelaient alors *Gabel* (fourchette) à cause de la fréquente bifurcation des sarments des vignes malades. Or la description même des symptômes prouve avec évidence que ce devait être ou le *cottis* des Charentes ou l'*anthracnose* du midi de la France décrite par Esprit Fabre et Dunal.

Il serait oiseux d'insister sur ces arguments lorsqu'il est facile d'établir d'une part que le phylloxéra est indigène en Amérique, et de l'autre qu'il a été récemment introduit en Europe. Sur le premier point, deux faits sont importants à noter : d'abord l'existence générale de l'insecte sur les vignes sauvages et cultivées de l'Amérique (à l'est des Montagnes-Rocheuses, c'est-à-dire abstraction faite des états et territoires du Pacifique) depuis le Canada jusqu'à la Floride, et de la Floride au Texas, — ensuite la découverte de galles de phylloxéra sur les feuilles d'un exemplaire de *vitis monticola*, recueilli au Texas en 1834 par le botaniste Berlandier. J'ai vu récemment cet exemplaire dans l'herbier du docteur Engelmann, de Saint-Louis, l'homme qui connaît le mieux les espèces de vignes américaines. Ainsi l'existence du phylloxéra aux États-Unis a pu être constatée jusqu'à quarante années en arrière ; si nous ne pouvons remonter plus haut, c'est que les documents font défaut. En fouillant dans

---

1 La terre *ampélite* de Strabon…, — sorte de terre bitumineuse.
2 Le *dactylopius longispinus* (Targioni Tozzetti).

I. L'origine du phylloxéra, ses ratages et les moyens de le combattre.

les vieux herbiers du pays, peut-être y trouverait-on de ces galles accusatrices. Ajoutons que la culture de la vigne est relativement récente aux États-Unis, que la vigne européenne n'a jamais pu y prospérer, que plusieurs cépages de ce pays résistent à ce parasite, et l'on s'expliquera comment le phylloxéra a pu longtemps y vivre inaperçu, tandis que le même insecte, s'il était autochthone dans notre Europe, aurait de tout temps, comme aujourd'hui, compromis la culture de nos vignes.

Passons maintenant aux preuves de l'importation, du phylloxéra en Europe. Il n'est pas besoin pour cela d'établir que *tous* les cépages américains introduits chez nous ont dû nécessairement nous communiquer l'insecte ; il suffit de constater que, partout où l'insecte s'est montré, c'est au voisinage des ceps américains. Or sur ce point la lumière est faite ; il suffit de rappeler des exemples décisifs. Dans la Gironde, le phylloxéra a fait sa première apparition à Floirac, près de Bordeaux, dans le clos de M. Laliman, c'est-à-dire en plein centre de vignes américaines directement importées. Il s'est montré bientôt dans le vignoble contigu de M. le docteur Chaigneau, et progressivement s'est étendu depuis 1868 sur de nombreuses communes de la région dite de l'Entre-deux-mers et même de la rive droite de la Dordogne. In Autriche, il s'est d'abord montré dans la collection de vignes de la station œnologique de Klosterneuburg, près de Vienne, et juste à l'endroit où l'on avait planté des pieds de vignes américaines reçus d'un pépiniériste hanovrien, qui les avait importés directement des États-Unis. Même coïncidence pour le Portugal, où la région d'Oporto, déjà largement envahie, l'a été d'abord dans la paroisse de Gouvinhas, par le vignoble de feu Antonio de Mello Vaz Sampaio, qui reconnaissait avoir introduit, dès 1863 ou 1864, des cépages américains.

Nous ne pouvons rien dire, il est vrai, sur l'origine première des phylloxéras qu'on a vus dans les serres à raisin de l'Angleterre et de l'Irlande ; mais, si l'on réfléchit qu'il s'agit là de cultures confinées dans une région dépourvue de vrais vignobles, si l'on songe combien sont fréquentes dans ces conditions les importations de cépages étrangers, l'on ne doutera guère que des variétés américaines n'aient été introduites dans ces *graperies*. N'est-ce pas également par des serres à raisin, celles de Margate, près de Londres, que l'oïdium de la vigne fit en 1845 sa première apparition en

Jules-Émile Planchon

Europe, et ne sait-on pas que les jardins botaniques, les pépinières, les établissements horticoles, si précieux pour l'étude des végétaux étrangers, sont comme des portes toujours ouvertes à l'invasion des plantes ou des animaux nuisibles auxquels l'analogie du climat permet de se faire une nouvelle patrie ? Qu'on se tienne donc bien en garde contre l'invasion possible du phylloxéra par les plants qu'on demanderait soit à l'Amérique, soit aux vignobles de l'Europe déjà infestés, soit même aux pépinières de tout pays. N'a-t-on pas l'exemple de la Corse, ou l'insecte destructeur s'est introduit dans un vignoble par des plants reçus en 1869 d'une pépinière de Bagnols-sur-Cèze (Gard), c'est-à-dire d'un véritable nid à philloxéra ? « Méfiez-vous des cépages d'au-delà des monts rocheux ! écrit aux Californiens M. Riley ; ils pourraient vous apporter la peste pour vos belles vignes, toutes d'origine européennes par conséquent plus sensibles que les cépages américains. » Proscrivez toute importation de vignes, en multipliant celles que vous possédez, dirons-nous à notre tour aux colons de l'Algérie ; peut-être ferez-vous encore du vin quand nos vignobles d'Europe seront décimés, sinon anéantis, en dehors des plaines basses ou la submersion pourra les sauver.

Reste pourtant à expliquer comment le phylloxéra a pu s'introduire dans la région, riveraine du cours inférieur du Rhône, le point de la France et de l'Europe où les ravages se sont le plus étendus. Ici les renseignements positifs font défaut ; cependant une hypothèse assez plausible me porte à chercher le point de départ de l'insecte dans la pépinière longtemps célèbre, aujourd'hui détruite, des frères Audibert, à Tonelle, près de Tarascon-sur-Rhône. Très riche en végétaux exotiques et notamment en arbustes directement importés des États-Unis, ce bel établissement possédait dès 1838 vingt-sept espèces ou variétés de vignes américaines. Par le témoignage d'un jardinier intelligent et instruit, M. Reynier, (d'Avignon, ancien ami des frères Audibert, je sais que feu M. Clerc, maire de Roquemaure (Gard), a reçu jadis de M. Reynier lui-même des plants d'Isabelle et de Catawba. Roquemaure est à quelques kilomètres de Pujault, où le phylloxéra semble s'être en premier lieu révélé et sans qu'on puisse suivre avec précision les points où ses naissantes colonies se sont établies, les probabilités sont en faveur de l'idée que Tonelle en aurait été la station pre-

I. L'origine du phylloxéra, ses ratages et les moyens de le combattre.

mière. On peut objecter, il est vrai, la date relativement récente où les ravages de l'insecte ont attiré l'attention ; mais rien ne prouve que l'arrivée de l'insecte. d'Amérique ait accompagné les premiers envois de cépages de ce pays. Des sarments nombreux ont pu venir d'Amérique sans être infectés, une bouture enracinée a suffi peut-être plus tard pour cette importation fatale,[1] dont il serait d'ailleurs inique de faire un crime à ceux qui en auraient été les auteurs in-volontaires et inconscients.

II

Jusqu'ici, il n'a été question que de l'introduction première du phylloxéra de l'Amérique en Europe ; voyons maintenant com-ment ses colonies européennes ont progressivement élargi l'aire de leur extension et pris en moins de cinq ans les proportions d'un malheur public. A cet égard, on peut encore considérer comme un pur accident local la présence de l'insecte dans les serres de l'Angleterre, de l'Irlande, dans quelques pépinières de l'Allemagne (Celle, Erfurt), dans la collection de Klosterneuburg, près de Vienne. En Portugal, grand centre de production de vins de prix, nous ne savons exactement dans quelle étendue est infectée la ré-gion dont Oporto est le centre ; toutefois cette étendue est assez grande pour qu'on puisse y voir un foyer très menaçant pour la péninsule ibérique tout entière. En France, deux foyers ont apparu d'abord sur deux points distans, mais l'un et l'autre en des régions dont la vigne est la principale richesse, le sud-est de la France et le Bordelais. Pour suivre en quelque sorte de l'œil l'extension ra-pide du premier foyer, il n'y a qu'à consulter les cartes qu'un jeune savant, M. Duclaux, professeur à la faculté des sciences de Lyon,

1 M. Émile Mourret m'a signalé un passage de l'article *Vigne*, publié par Bosc dans, son *Cours complet d'agriculture* (1823, 13 vol.). Parlant des vignes américaines cultivées dans les pépinières royales, dont il avait la direction, Bosc s'exprime comme suit sur le compte du *vitis cardifolia* : « Cette espèce a péri dans les pépinières royales par suite des principes de destruction qui planent sur elles. » Il est probable que cette phrase assez obscure signifie que les conditions où se trouvaient ces pépinières lui paraissaient mauvaises en général, pour la culture des plantes, mais la mort du *vitis cordifolia* pourrait aussi avoir été causés pas le phylloxéra, importé peut-être d'Amérique avec cette plante, et qui se serait éteint faute d'aliment pour se propager dans un milieu où les pieds de vigne n'abondaient pas. Ce n'est là qu'une simple conjecture sur laquelle j'insiste d'autant moins que plusieurs variétés dérivées du *vitis cordifolia* sont de celles qui résistent à l'insecte.

Jules-Émile Planchon

a publiées dans les *Mémoires* de l'Académie des Sciences, dont il était le délégué. Représentées par une teinte spéciale, les surfaces infestées d'une année à l'autre se multiplient et s'agrandissent. En 1865, c'est, d'après des indications rétrospectives et peu précises, un seul point, près de Pujault (Gard), sur la rive droite du Rhône. En 1866, ce point est devenu une large tache couvrant Pujault, Roquemaure, s'avançant K vers Villeneuve-les-Avignon sur la même rive ; de plus Vaucluse offre neuf foyers disséminés, les Bouches-du-Rhône en offrent deux, l'un près de Saint-Remy, l'autre en pleine Grau, entre Saint-Martin et Raphèle. En 1867, une large tache couvre Vaucluse et une partie du Gard, une autre les Bouches-du-Rhône des deux côtés de la chaîne des Alpines ; en 1868, tout le cours du Bas-Rhône est envahi, principalement sur la rive gauche, depuis Grignon et Pierrelatte dans la Drôme jusqu'aux Martigues (Bouches-du-Rhône), avec une pointe remontant la vallée de la Durance jusqu'au voisinage de Lourmarin ; 1869 voit les deux taches réunies et en même temps s'étendant vers le nord jusqu'au-delà de Donzère, vers l'est jusqu'aux confins d'Aix en Provence, vers l'ouest presque jusqu'aux portes de Nîmes ; enfin des points d'attaque isolés, véritables colonies d'avant-garde, se montrent à Loriol et Crest (Drôme) vers le nord, à Ollioules et Toulon vers l'est, à Lunel-Viel, à Saint-Gely du Fesc, dans l'arrondissement de Montpellier (Hérault). Depuis lors le mal a toujours marché en rayonnant autour du foyer primitif, au nord en remontant graduellement le Rhône jusqu'à Lyon avec ramifications dans les vallées des affluents principaux du fleuve, — à l'est en s'implantant dans les Basses-Alpes et le Var, — à l'ouest en envahissant le Gard presque tout entier, sauf les districts des Hautes-Cévennes, et l'Hérault dans sa partie limitrophe aux terrains du Gard, savoir l'arrondissement entier de Montpellier, et dans le bassin de l'Hérault une très faible partie de la lisière orientale des arrondissements de Lodève et de Béziers.

Partout l'envahissement graduel a présenté les mêmes phases après une période de mal latent, apparition de quelques points d'attaque isolés, — dans le courant de l'année même, agrandissement de ces points locaux, que l'on a pu comparer à l'extension graduelle d'une tache d'huile, — en même temps multiplication de ces foyers, — colonies d'avant-garde jetées à des distances de plusieurs

I. L'origine du phylloxéra, ses ratages et les moyens de le combattre.

lieues au-delà des centres développés l'année précédente, — en un mot aggravation effrayante du mal déjà confirmé, apparition fatale de foyers nouveaux, menace des pays vers lesquels s'avancent les essaims dévastateurs. Moins rapide dans le bassin de la Gironde, la marche du fléau s'y est surtout accentuée dans le sens du nord et de l'ouest, respectant jusqu'ici le Médoc, mais franchissant la Dordogne et servant probablement de point de départ à ces nombreuses colonies que M. Lecoq de Boisbaudran et M. Cornu ont découvertes en 1873 dans la Charente, autre centre de la richesse vinicole de la France.

Rien de plus facile que d'expliquer les deux modes d'extension de la maladie : agrandissement des foyers formés, apparition de foyers nouveaux. Le premier fait est dû à l'instinct migrateur des jeunes phylloxéras aptères, qui pousse les générations nouvelles à quitter les racines des ceps épuisés pour se porter vers les ceps voisins encore intacts et pleins de vie ; le second phénomène est sûrement dû à des colonies de phylloxéras ailés que le vent doit emporter et disséminer loin des points où leur évolution s'est faite. En ce qui touche le premier point, l'observation de M. Faucon, sur la marche des phylloxéras en plein air, à la surface du sol, nous fait assister à cette migration de proche en proche : sur le second fait, on ne peut hasarder que des conjectures, bien que la capture de phylloxéras ailés par des toiles d'araignée ne laisse aucun doute sur leur transport à travers les airs. Ce qu'on ignore, c'est la manière dont les mères pourvues d'ailes pondent les deux ou trois œufs dont leur abdomen est rempli et d'où sortent peut-être les premiers fondateurs des colonies souterraines. Quelque regrettable que soit cette lacune dans la connaissance des mœurs de l'insecte migrateur, les migrations elles-mêmes sont un fait incontestable, et la direction divergente de ces exodes par rapport à des premiers centres bien constates prouve qu'il s'agit d'un mal importé, localisé d'abord sur quelques points circonscrits, puis étendu par voie d'invasion sur des surfaces de plus en plus vastes.

Au fond, les diverses théories émises sur le rôle du phylloxéra dans la maladie nouvelle de la vigne peuvent se réduire à deux : le *phylloxéra effet* et le *phylloxéra cause*, sans parler d'une sorte de compromis entre ces deux systèmes opposés, où l'insecte est considéré comme cause, mais avec cette restriction qu'il n'atteindrait sa puissance d'agent destructeur que sur des lignes préalablement souffrantes.[1] D'après la première théorie, le phylloxéra ne serait que le résultat d'un affaiblissement d'une altération préalable de la santé des vignes, affaiblissement dû, suivant les uns, à l'épuisement du sol par suite de la longue culture de la même plante, suivant d'autres au mode de taille des vignes (taille courte au lieu de la taille à bois de remplacement ou de la culture en treilles ou hautains), — suivant d'autres encore à des intempéries de saisons ou bien à une prétendue dégénérescence qui se produirait à la longue chez tous les arbres fruitiers, à cause de leur multiplication ancienne par la bouture, la marcotte ou la greffe, substituée à tort à la multiplication par semis.

Si l'on fait à ces diverses hypothèses l'honneur de les exposer, c'est par esprit d'impartialité d'abord, mais c'est surtout parce que la méthode scientifique est restée assez étrangère à notre public français pour que les vérités de sens commun, en fait d'histoire naturelle principalement, aient besoin d'être démontrées, tandis que les subtilités creuses, les raisonnements vides en dehors des faits, n'ont besoin que d'un peu de rhétorique pour séduire non-seulement les ignorants, mais bien des gens instruits et d'ailleurs sensés. Discutons donc, puisque discuter il faut, non pas avec l'idée d'épuiser ce fécond sujet de controverse, non avec l'espoir de convertir les abstracteurs de quintessence, mais dans l'intention de débarrasser le terrain des faits de ces broussailles ; de raisonnements sous lesquelles le vrai et le simple disparaissent.

---

1 Ce système mixte est celui auquel semble s'être arrêté aujourd'hui un viticulteur justement célèbre, M. Henri Mares, de Montpellier. Pour lui, le phylloxéra serait vraiment cause dans la maladie en question, mais il attaquerait de préférence les vignes situées dans des terrains mouilleux ou dans les terrains trop secs. Pour moi, les faits qui semblent au premier abord appuyer cotte théorie peuvent s'expliquer par d'autres raisons que celles qui font accorder à l'insecte la faculté de choisir en quelque sorte son terrain et ses victimes. Si la maladie est en effet plus foudroyante qu'ailleurs dans les terrains mal ressuyés, cela tient probablement au fait bien constaté que les terrains argileux en général, qui se fendillent pendant l'été, favorisent la marche de proche en proche de l'insecte ; quant aux terrains secs, ou plutôt aux terrains maigres, les symptômes du mal s'y montrent de meilleure heure, parce que la vigne attaquée s'y défend moins bien que dans les sols plus fertiles ; mais on peut dire que le mal s'est montré aujourd'hui dans toutes les conditions possibles de milieu, et que l'insecte ne choisit pas les vignes souffrantes, puisqu'il recherche au contraire les racines bien saines.

I. L'origine du phylloxéra, ses ratages et les moyens de le combattre.

Voici d'abord ceux qui regardent la vigne comme malade par suite de l'épuisement du sol. On peut aisément leur concéder que des cultures épuisantes répétées sur la même terre l'appauvrissent, la stérilisent plus ou moins, et que la diminution des récoltes et même dans certains cas une moindre résistance à l'action nuisible des parasites sont la conséquence de ce contre-sens agricole ; mais à quel agriculteur sérieux fera-t-on croire que les beaux vignobles des terres d'alluvion de l'Hérault, labourés, fumés à profusion, sont livrés au phylloxéra parce que tout d'un coup l'épuisement du sol est venait les rendre ainsi vulnérables ? Pour ne citer qu'un fait entre cent : un agriculteur très distingué, ancien élève et répétiteur de l'École d'agriculture de Grignon, M. Emile Mourret, possède à Saint-Gabriel, près de Tarascon, des terres où la garance, la luzerne, les céréales, donnent de beaux rendements. A partir de 1863, il y plante des vignes qui deviennent d'abord magnifiques, mais où la maladie apparaît par taches en août 1868. Ces vignes, occupant 14 hectares et dont l'âge était en 1870 de deux, trois, quatre, cinq ou six ans, auraient alors pu produire, 1,000 hectolitres de vin : c'est à peine si l'on peut grapillant en récolter 30 hectolitres. Aujourd'hui, de ce beau, vignoble si plein de promesses, il me reste plus un cep vivant ; mais les terres, rendues à leur ancienne culture, ont donné cette année 24 hectolitres de blé à l'hectare. Pourra-t-on dire que l'épuisement les avait livrées au phylloxéra ?

Arrivent les adversaires de la taille courte telle qu'elle se pratique avec tant d'avantage, et d'économie dans les vignobles du midi de la France. La plupart, partant de cette hypothèse que les vignes culti-vées, en treille et la lambrusque ou vigne sauvage échapperaient au phylloxéra, proposent de rendre aux vignes leur liberté d'allures et de les cultiver en hautains comme le faisaient les Romains ou comme on le fait encore sur quelques points de la Savoie et de L'Italie ; mais d'abord, si les treilles échappent souvent au phyl-loxéra, c'est probablement par des raisons toutes mécaniques ou locales, comme le durcissement du sol au pied de l'arbuste, l'em-placement dans des cours, etc. ; encore est-il certain que la phyl-loxéra peut tuer les treilles. Quant à la lambrusque, outre qu'elle peut être attaquée, elle ne saurait servir d'exemple pour la manière de traiter nos cépages cultivés ; la taille courte est appliquée à ces derniers, j'entends les variétés du midi, pour une foule de raisons

Jules-Émile Planchon

telles que la facilité de culture, la nécessité de protéger le sol en été contre la dessiccation, la meilleure qualité des produits, le moindre danger d'invasion par l'oïdium ; ce serait renoncer à ces avantages et reculer vers une pratique condamnée que de substituer aux souches basses les pittoresques guirlandes enlacées aux rameaux des ormes, des châtaigniers ou des saules. Ce qu'il y de vrai dans cette idée de l'immunité des treilles et des hautains, c'est que toute vigne résiste à cet insecte en raison de l'abondance du système radiculaire, et que cette condition est peut-être mieux remplie par des pieds plus espacés et plus hauts que par des ceps ravalés en buisson et rapprochés en rangs serrés. D'ailleurs le système de taille à long ou à court bois est affaire de convenance locale et de variétés de vigne. Si l'on devait recommander pour nos variétés méridionales un traitement propre à les faire résister plus longtemps au phylloxéra déjà établi sur les racines, ce serait non la taille longue, épuisante de sa nature, mais la taille courte plus sévère que d'habitude, pour mieux équilibrer la végétation des pampres avec la moindre force des racines.

Quant au rôle qu'on a voulu attribuer aux intempéries des saisons, il est facile de reconnaître l'action nuisible de certains excès de chaud où de froid, de sécheresse ou d'humidité, dans la production de beaucoup d'altérations organiques des végétaux ; mais ces actions sont visibles et se traduisent le plus souvent par des symptômes définis, — gélivure, brûlure, jaunisse, rabougrissement temporaire cessant avec le retour des conditions climatériques favorables. Tout autres sont les effets directs du phylloxéra ; ils portent d'abord sur les racines dans les terrains humides ou secs à tous les degrés ; le rabougrissement des pampres n'est qu'un résultat de la suppression des principaux suçoirs de la plante, c'est-à-dire des radicelles, et plus tard des racines petites et moyennes.

Les hivers les plus froids, les étés les plus chauds, n'ont pas anéanti l'implacable insecte, non plus qu'ils ne l'ont créé. Ces conditions climatériques, comme celles du milieu en général, influent sans doute sur la propagation de l'ennemi et sur la résistance variable de la victime ; mais conclure de là que le phylloxéra n'est qu'un effet, ce serait comme si l'on disait que la malpropreté fait naître des animaux, sous prétexte qu'elle en favorise la multiplication. Que l'état de souffrance des arbres soit parfois la cause que certains in-

I. L'origine du phylloxéra, ses ratages et les moyens de le combattre.

sectes les attaquent de préférence aux arbres sains, c'est ce que l'on ne songe pas à nier. Les coléoptères, dits *xylophages*, sont remarquables par cet instinct qui leur fait chercher comme victimes les arbres à sève altérée, à constitution maladive ; on pourrait, dans une certaine mesure, en dire autant des larves de longicornes, des buprestes, dont les dents voraces s'exercent sur des bois un peu altérés plus souvent que sur les bois sains ; mais l'assimilation serait inexacte entre ces rongeurs de bois et le phylloxéra, qui, suçant la vigne au moyen d'une trompe délicate, laisse les tissus mourants pour aller en trouver de sains, voyage du cep souffrant au cep vigoureux, et abandonne la sanie des radicelles putréfiées pour se nourrir des sucs des racines ou de feuilles pleines de vie.

Reste la prétendue dégénérescence qui résulterait de la longue succession du bouturage ou de la marcotte appliquée à nos vignes cultivées. En laissant de côté la question d'ensemble, c'est-à-dire l'influence que ces pratiques de bouture, de greffe réitérées, auraient sur les plantes en général, je restreindrai la question à la vigne, et je demande au simple bon sens de la trancher. Comment croire que simultanément, sur les points les plus divers de l'Europe, dans des serres et en plein air, des cépages de tout genre, les plus robustes comme les plus délicats, se sont trouvés *dégénérés*, et partant sont devenus la proie d'un insecte surgi juste à point pour les détruire ? Cette *dégénérescence* se serait produite sous l'influence d'une cause générale, mais elle atteindrait justement les pieds de vigne où l'on trouve le phylloxéra ; elle se propagerait comme le phylloxéra lui-même d'un cep à l'autre, ou bien par sauts, à des kilomètres d'intervalle, si bien que les pieds *phylloxérés* devaient l'être parce qu'ils étaient *dégénérés*. C'est la prédestination transportée au monde végétal ; mais alors pourquoi ne pas en dire autant des moutons que mangent les loups ou des choux que dévorent les chenilles ? C'est ainsi qu'on tombe dans l'absurde en cherchant des explications subtiles en dehors des faits patents. Laissons là cette discussion, et venons-en aux arguments clairs et simples qui démontrent l'action directement nuisible du phylloxéra sur la vigne saine.

D'abord un fait domine et juge tout le débat, c'est l'origine exotique de l'insecte, c'est l'apparition de la maladie sur les points Où le hasard fait arriver le parasite avec des pieds infectés de la plante. A ces exemples d'infection involontaire se joignent comme arguments plus probants encore les exemples d'infection volontaire et préméditée, véritables expériences faites dans le cabinet ou même en plein champ, ces dernières d'autant plus concluantes que ceux qui les ont entreprises[1] attendaient un résultat négatif au lieu du résultat positif qui s'est produit sous leurs yeux. Dans tous ces cas en effet, des racines *phylloxérées* étant mises au contact de vignes saines, les insectes se sont portés sur ces dernières en y provoquant les mêmes symptômes morbides qui se présentent en grand sur les vignobles atteints de la maladie. Un de ces symptômes, le plus caractéristique peut-être, du moins celui par lequel le mal débute presque toujours, c'est la production sur les radicelles ou le chevelu des racines de petits renflements ou nodosités de forme et de grosseur variées. Or les études récentes de M. Cornu, conduites avec le plus rigoureux esprit d'observation, confirment à cet égard, par les détails les plus précis, des faits que j'avais sommairement exposés ; elles montrent que lai nodosité se développe fatalement sous la piqûre de l'insecte, qu'elle en est la conséquence directe, qu'elle nourrit pendant quelque temps un groupe de phylloxéra, après quoi la putréfaction s'en empare, et les phylloxéras abandonnent cette nourriture altérée, les uns se transformant en insectes ailés qui sortent du sol et s'envolent, d'autres se portant sur des radicelles nouvelles où leur piqûre produit de nouvelles nodosités, d'autres attaquant les divisions plus grosses des racines et se joignant aux myriades d'insectes aptères qui par leurs piqûres rapprochées produisent sur ces racines une hypertrophie de l'écorce, aboutissant en définitive à la pourriture humide de la racine tout entière. Une dernière preuve encore de l'effet directement nuisible du phylloxéra, c'est le fait suivant rapporté par M. Duchartre. M. Malcolm Dunn, jardinier à Powerscourt (Irlande), ayant dans ses serres des vignes phylloxérées, les a déplantées, en a nettoyé les racines de tous les insectes, et les replantant dans une terre nouvelle, non infectée, les a vues reprendre leur vigueur normale. N'est-ce pas la l'expérience la plus concluante, et peut-on opposer à un tel fait des raisonnements *a priori* ?

En résumé, sur les racines d'une vigne quelconque, plantée en vase ou en plein air, jeune ou vieille, vigoureuse ou faible, on peut faire développer à volonté par la simple intervention du phylloxé-

---

1 M. le baron Serres à Orange, M. Delorme en Camargue.

I. L'origine du phylloxéra, ses ratages et les moyens de le combattre.

ra les phénomènes caractéristiques de l'action destructive de cet insecte. Donc l'insecte est vraiment cause de la maladie qui porte son nom, au même titre que le *sarcopte* est cause de la gale chez l'homme ou le *cysticerque* cause de la ladrerie chez le porc.

Cette assimilation avec le sarcopte de la gale humaine vient à propos pour nous rappeler le danger des conceptions fausses sur la vraie nature des maladies parasitaires. Pendant des siècles en effet, la médecine a considéré la gale comme une maladie constitutionnelle qu'on avait la prétention de guérir par des traitements internes aussi variés qu'impuissants. Ce n'est que lorsqu'on est venu à regarder l'*acarus* comme la vraie cause de ce mal, et qu'on l'a traité à l'extérieur par des substances insecticides, qu'on est parvenu à le supprimer presque entièrement dans les casernes, les hôpitaux, par tout où l'agglomération des hommes favorise la propagation des parasites.

Cela veut-il dire que les parasites eux-mêmes soient absolument indépendants de certaines conditions de milieu et qu'ils se développent également sur tous les sujets, qu'ils les affectent d'une façon identique ? Évidemment non. L'oïdium de la vigne par exemple respecte presque entièrement certaines variétés de raisins, en particulier l'alicante ou grenache, tandis qu'il en frappe d'autres, comme la catignane, avec une intensité remarquable ; il affecte bien plus les raisins de treille que ceux des souches basses, les ceps placés près des arbres que ceux placés en plein vent ; mais cela rentre dans la grande question des conditions biologiques variables agissant sur le même être, qui n'en est pas moins nuisible parce qu'il nuit avec une intensité diverse. Toutes ces variations dans l'intensité de l'oïdium ne nous empêchent pas de recourir au traitement tout externe que l'expérience a suggéré, à savoir l'application de fleurs de soufre. Sans doute aussi la constitution de certains sujets, la diversité de composition de leur sève, expliquent comment les variétés ou races d'une même espèce ou comment des espèces voisines du même genre naturel se comportent diversement sous l'action d'un même parasite. Tels pieds de pêchers seront infestés de pucerons tandis que d'autres tout à côté n'en auront pas un ; parmi les vignes elles-mêmes, le *scuppemong* ou *vitis rotundifolia* échappe absolument au phylloxéra ; le *concord*, le *clinton*, bien d'autres variétés américaines, l'ont sur leurs racines ou leurs

Jules-Émile Planchon

feuilles sans que leur vigueur en soit notablement altérée ; à côté de ces variétés dites *réfractaires* ou *résistantes*, d'autres se montrent délicates (le *delaware* par exemple), tandis que nos variétés européennes en sont mortellement affectées, même en Amérique. Les causes de cette immunité des unes, de cette faiblesse des autres, sont complexes, difficiles à saisir ; mais il faut les chercher en dehors de la théorie qui verrait dans un affaiblissement préalable des vignes la raison de la présence du phylloxéra.

C'est en général parmi les esprits chimériques que se recrutent les partisans de la théorie du *phylloxéra effet*. La plupart, au lieu d'observer d'abord et de raisonner ensuite, abusent du raisonnement *a priori*, veulent pénétrer d'emblée jusqu'aux causes lointaines des phénomènes, établissent des relations imaginaires entre des maladies qui n'ont rien de commun, confondent l'oïdium et le phylloxéra par exemple, et prétendent guérir l'un et l'autre du même coup en traitant le cep malade. Cette disposition intellectuelle dérive surtout de l'ancienne éducation scolastique, dont l'influence se prolonge encore à travers notre science moderne : c'est le cauchemar des causes occultes obscurcissant de ses fantômes la raison qui cherche la lumière et qui, sans perdre de vue les causes lointaines, veut d'abord trouver un appui sur le terrain des faits immédiatement accessibles à l'observation. On me pardonnerait volontiers ces réflexions pessimistes, si l'on savait combien cette question du phylloxéra a fait surgir depuis six ans de conceptions saugrenues, de raisonnements en dehors des faits. Comme il arrive fatalement pour des sujets auxquels le grand public s'intéresse, les plus ignorants ont été les plus hardis, et, le mirage d'un prix de 20,000 francs stimulant encore les inventeurs, il s'est produit une avalanche d'élucubrations grotesques dont le rire aurait pu faire justice, si ce n'était avant tout un symptôme humiliant de notre éducation nationale. Hâtons-nous de le dire pourtant, ces excentricités presque morbides n'ont pas empêché les esprits droits de faire leur œuvre et d'aborder résolument le problème difficile de défendre contre une ruine imminente nos vignobles envahis ou menacés. Ces efforts n'ont pas été stériles. Quelques-uns ont abouti à des solutions pratiques, d'autres circonscrivent de plus en plus près le problème ; tous tendent à se contrôler, à se compléter, substituant au triste sentiment de notre impuissance l'espoir d'un succès final qui sau-

I. L'origine du phylloxéra, ses ratages et les moyens de le combattre.

verait la plus noble part de notre richesse agricole.

III

Il serait fastidieux d'exposer en détail les modes de traitement proposés ou essayés pour guérir les vignes. C'est à grands traits qu'il faut tracer le tableau de ces tentatives : encore insisterai-je de préférence sur celle que le succès vient de couronner et qui rentre dans la catégorie générale des moyens insecticides, je veux dire la submersion automnale des vignobles.

L'idée d'employer l'eau pure pour guérir les vignes phylloxérées s'est présentée naturellement à l'esprit de plusieurs agriculteurs, surtout dans les régions où l'existence de canaux permet l'emploi de ce moyen ; seulement le point de vue différent où se sont placés les auteurs de ces procédés a singulièrement influé sur les résultats de leurs essais. Les uns, M. Alphandéry ; par exemple, partaient de l'idée que le phylloxéra n'était pas la cause de la mort des vignes ; ils ne voyaient dans la maladie qu'un effet de sécheresse ; ils pratiquaient donc l'*irrigation*, pendant l'été principalement, et malgré tout leurs vignes ont péri. M. Faucon au contraire, dès le premier jour que l'existence du phylloxéra lui est démontrée, adopte l'idée que cet insecte est cause du mal ; il en poursuit la destruction par l'*asphyxie* au moyen de l'eau répandue en telle abondance qu'elle pénètre tout le sol et se maintient au-dessus de son niveau en couche d'une dizaine de centimètres. Avec une persévérance admirable, avec une foi raisonnée qui ne recule ni devant les dépenses d'une installation coûteuse d'endiguements et de nivellements difficiles, prouvant ses dires par des faits, défendant ses procédés par la plume, ajoutant à l'histoire des mœurs de l'insecte une découverte des plus importantes, celle de sa marche à la surface du sol, M. Faucon a su convertir à son système les esprits les plus défiants. Des expériences nombreuses se font maintenant dans ce sens : la prudence veut qu'on n'en escompte pas les résultats, mais il est permis de présumer qu'ils seront conformes à ceux que des juges compétents ont constatés chez M. Faucon lui-même, chez M. le docteur Seigle, au Thor (Vaucluse), ou ceux qu'une inondation accidentelle du Rhône a donnés sur une vigne du docteur Félix, à l'Isle, dans le même département.

Jules-Émile Planchon

Comment s'expliquer, dira-t-on, la diversité si grande des résultats entre deux procédés en apparence si semblables, l'irrigation copieuse et la submersion prolongée ? Par une raison bien simple, et qui, implicitement admise par M. Faucon, m'était très nettement formulée dès le mois de septembre 1869 dans des lettres malheureusement restées inédites de M. Emile Mourret. C'est une raison toute mécanique. Par l'irrigation, la terre s'imbibe, mais conserve encore dans ses interstices, surtout dans les vides compris entre les racines et le sol, des bulles ou des lames d'air qui doivent protéger le phylloxéra contre l'asphyxie ; dans la submersion avec une couche d'eau surnageante, la pression chasse l'air des interstices du sol, supprime autour des insectes l'enveloppe atmosphérique et le livre sans défense à l'asphyxie. Cet effet asphyxiant du bain d'eau complet se produit plus ou moins vite, suivant les saisons, c'est-à-dire suivant l'état de l'insecte dans ses rapports avec la température ambiante. Rapide en été, alors que l'insecte en plein éveil consomme beaucoup d'oxygène, elle devient lente dès que l'insecte engourdi, pareil aux animaux hibernants, n'a plus qu'une respiration réduite et susceptible d'être suspendue sans danger. C'est ainsi que j'ai pu, dans l'hiver de 1869-1870, conserver vivants pendant treize jours au moins des phylloxéras immergés dans l'eau, tandis que peu de jours avaient suffi à M. Mourret pour asphyxier ces insectes au mois d'août 1869. Le même observateur avait remarqué que, sous l'invasion du sol par des eaux de pluies considérables, les lombrics viennent à la surface du sol comme pour fuir l'asphyxie. Or tout récemment, dans de curieuses expériences que M. Gaston Bazille fait sur la submersion des ceps plantés en baquets, les lombrics, au bout de dix ou douze jours, sont remontés morts de la terre dans laquelle ils avaient vécu jusque-là. L'irrigation pure et simple n'aurait certes pas produit cet effet, et l'on peut préjuger par cette mort des vers de terre l'action délétère de l'eau sur le phylloxéra, ce dernier n'ayant pas, comme certains pucerons, un enduit cireux capable de le soustraire au contact direct de l'eau.

La couche ou les bulles d'air qui, dans les simples arrosages protègent l'insecte contre l'asphyxie, doivent lui servir également de rempart contre les dissolutions toxiques auxquelles on s'est tant efforcé de le soumettre. L'insuccès des traitements par des insecticides en dissolution doit, selon toute apparence, être attribué à

I. L'origine du phylloxéra, ses ratages et les moyens de le combattre.

cette cause. Ce ne sont pas en effet les poisons qui manquent : on n'a eu que l'embarras de les choisir, et quelques-uns, comme l'arsenic, le polysulfure de calcium, l'acide phénique, ont une énergie incontestée. Tous ont réussi dans les essais en petit par submersion totale de l'insecte dans le liquide ; tous se sont montrés insuffisants dans les essais en grand et en plein champ, alors même que les doses de liquide d'arrosage étaient copieuses et susceptibles d'atteindre tout le cube de terre occupé par les racines des ceps. Sous ces traitements, beaucoup d'insectes périssent sans doute, mais l'air en SOUS-J-trait un grand nombre au contact mortel du poison. C'est là l'obstacle mécanique contre lequel tant d'efforts se sont brisés.

Un tel obstacle n'existe pas pour des vapeurs ou des émanations gazeuses. Celles-ci peuvent par voie de diffusion vicier l'atmosphère dans laquelle l'insecte est plongé. Or les substances volatiles toxiques sont très nombreuses ; quelques-unes, comme l'ammoniaque, l'hydrogène sulfuré, peuvent se dégager sous le sol, soit qu'on les y verse en nature, soit qu'on les y produise par voie de réactions chimiques. Seulement le problème ainsi circonscrit présente encore de nombreuses difficultés ; il faut arriver à tuer l'insecte sans compromettre la vie de la plante : question complexe dans laquelle entrent la nature des substances, leur dégagement plus ou moins rapide dans un temps donné, la susceptibilité du sujet traité, l'époque de l'année où se fait l'opération, l'état physique du terrain occupé par les racines. Pour le sulfure de carbone par exemple, on a vu les résultats les plus différents se produire sous ces diverses circonstances. Délétères en été pour les pampres de la vigne, les vapeurs n'ont pas affecté les sarments dépouillés et arrivés à leur repos en hiver ; les doses de sulfure de carbone encore peu déterminées ne sauraient l'être que par de nombreux tâtonnements ; les terrains compactes n'ont pu se laisser pénétrer au même degré que les terrains perméables ; bref, pour ce poison comme pour tout autre, l'efficacité tient moins à la substance elle-même qu'aux conditions de l'emploi. Ma conviction néanmoins, dans l'état de nos connaissances, c'est que les gaz et les vapeurs sont plus propres que les liquides à nous rapprocher de la solution du problème, c'est-à-dire de la destruction de l'insecte, condition préalable de la guérison des vignes.

Jules-Émile Planchon

Est-ce à dire que la suppression totale de cet ennemi soit nécessaire pour que la vigne vive et prospère ? Ne peut-on pas concevoir la force végétative et productive de l'arbuste activée de telle sorte que l'insecte tellement réduit en nombre que sa présence devienne presque inoffensive ? Cette résistance au mal existe chez certains cépages américains : naturellement vigoureux ; mais, pour notre vigne européenne, toujours délicate vis-à-vis de l'insecte, la résistance ne pourrait venir que de certaines conditions de culture telles que la fertilité exceptionnelle du sol, les fumures abondantes, les arrosages d'été, tout ce qui favorise la production rapide des radicelles adventives venant remplacer sur les racines moyennes ou grosses de la plante le chevelu normal détruit par l'insecte. Je suis bien loin de nier les bons effets de ces moyens culturaux ; malheureusement ils sont précaires, transitoires, livrés à toutes les chances d'échec, en somme insuffisants. Un système plus logique serait d'associer les insecticides et les substances fertilisantes, les premiers pour combattre la cause du mal, les secondes pour en atténuer les effets. La théorie parle en faveur de cette méthode éclectique, qui semble devoir concilier les vues divergentes sur le rôle du phylloxéra. Ceux qui voient dans l'insecte la cause du mal sont loin de nier l'action utile des engrais ; ou de tout agent permettant à la vigne de se défendre : ils conçoivent même que l'équilibre puisse se rompre en faveur de la vigne contre l'insecte ; mais ils comptent peu sur un triomphe final, et s'inquiètent de la présence constante d'un ennemi toujours prêt à reprendre l'offensive alors même qu'il semble dompté.

Il faut bien le dire du reste, les partisans du *phylloxéra effet* n'ont jamais été dans la pratique au bout de leurs théories. J'en sais un qui nous écrivait gravement de son cabinet : « Mettez une cafetière d'eau au pied de chaque cep, et tout sera dit ; » mais l'auteur de ce beau conseil se gardera bien d'en réclamer la paternité : depuis lors les pluies diluviennes n'ont pas sauvé les vignes- de Provence, et voilà du coup mise de côté la théorie qui cherche dans la sécheresse la cause de la maladie. Les grands froids, invoqués d'abord au même titre, ne comptent plus aujourd'hui que comme causes débilitantes et pour quelques-uns prédisposantes. Que restait-il en présence ? D'un côté, un insecte dont l'action est *fatalement nuisible*, puisqu'il est né suceur et que les tissus s'altèrent à la suite de

I. L'origine du phylloxéra, ses ratages et les moyens de le combattre.

ses piqûres, de l'autre un arbuste qui se défend comme il peut, profitant de toutes les circonstances favorables pour émettre de nouveaux suçoirs sous forme de radicelles adventives, pour régénérer son écorce sous l'ancienne écorce pourrie ; le rôle du vigneron est tout tracé, c'est de détruire autant que possible l'insecte et de soutenir la vigne.

Dans cette lutte contre l'insecte, la nature nous refuserait-elle des auxiliaires ? En d'autres termes, l'ennemi de la vigne n'aurait-il pas lui-même des ennemis naturels ? Il en a sûrement, et plus d'un, mais il s'agit de les connaître et, si possible, de les utiliser. Depuis les admirables travaux de Réaumur, on sait que les pucerons et les cochenilles servent de pâture à de nombreux ennemis, soit insectes, soit acariens. Parmi les premiers figurent les larves des coccinelles, vulgairement *bêtes à bon Dieu*, celles des *hémérobes*, jolies mouches à quatre ailes de gaze veinées en réseau, des *syrphus*, mouches élégantes à corps annelé de noir sur fond jaune, des *scymnus*, petits coléoptères, en outre des hyménoptères (*aphidius, crabonites*, etc.). Les plus voraces de ces *cannibales*, suivant le mot des entomologistes américains, ont reçu de Réaumur le nom expressif de *lions des pucerons*. Or ces genres ont des représentants des deux côtés de l'Atlantique, et les plus communs (hémérobes, syrphus, coccinelles) ne se font pas faute de détruire des légions de phylloxéras, soit du chêne, soit de la vigne, lorsque ces derniers habitent des feuilles, c'est-à-dire les galles phylloxériennes. J'ai même entrevu, sans pouvoir la déterminer, dans les galles mêmes, une petite punaise de couleur blanche, étiolée, comme il convient à une recluse privée de lumière, qui dans cette étroite cellule trouve le vivre et le couvert. Ce sont là tout autant d'agents destructeurs de la forme gallicole du phylloxéra ; mais cette forme, si rare même en Amérique, n'est presque pas nuisible à la vigne : il s'agit donc de trouver des auxiliaires contre l'ennemi le plus redoutable, je veux dire contre le phylloxéra souterrain, celui dont les innombrables légions détruisent les vignobles entiers.

Ici la recherche est naturellement plus difficile ; elle est restée longtemps infructueuse. Parmi les insectes soupçonnés de pouvoir *dévorer sous terre* le phylloxéra des racines, M. Riley n'a longtemps cité qu'une petite larve vermiforme de syrphide, le *pipiza radicum*, que l'on a vue aux États-Unis manger sur les racines des pommiers le puceron lanigère. Plus récemment, le savant entomologiste de Saint-Louis a découvert sur les racines des vignes du Missouri un petit *acarus* blanc qui vit aux dépens du phylloxéra et de ses œufs. La parenté de cet infime animalcule le rapproche des tyroglyphes ou cirons, dont une espèce est si connue comme vivant dans les débris de la croûte des fromages : d'autres espèces dévorent des substances animales ou végétales en voie de décomposition, telles qu'insectes morts, champignons, bulbes de jacinthe ou de tulipe. Le *tyroglyphus phylloxeræ* sera le premier connu de son genre qui s'attaque à une proie vivante, et cette circonstance pourrait jeter quelque doute sur son vrai régime, si M. Riley, observateur si précis, n'avait assisté à ses repas et ne pouvait certifier avec assurance ses instincts de *cannibale*.

Ayant pris à mon départ d'Amérique (le 4 octobre 1873) de la terre et des racines phylloxérées où se trouvaient d'assez nombreux *tyroglyphus*, je m'empressai dès mon arrivée à Paris (treize jours après) de rechercher ce que ces acariens étaient devenus. Le nombre m'en parut bien diminué : cinq ou six au plus au lieu de plusieurs douzaines ; mais à ma grande surprise je vis dans la même terre d'autres acariens bien plus petits, plus agiles, à corps tout d'une venue, dépourvus des grosses mandibules en pince que présentent les *tyroglyphus* ; je me doutai que ces nouveaux venus n'étaient qu'une forme nouvelle issue des anciens. Ces *hypopus* (ainsi nommés jadis par Dugès, qui les croyait autonomes, c'est-à-dire d'un genre à part) dérivent en effet des tyroglyphes non par voie de génération, mais par une simple mue qui fait sortir de la peau d'une nymphe de tyroglyphe un être en apparence tout différent et qui n'est pourtant que le même individu sous des traits étranges ; l'*hypopus* lui-même redeviendra tyroglyphe par une série de transformations dont les phases n'ont pas été bien définies. Chaque espèce de tyroglyphus a probablement son *hypopus* correspondant. En observant, des deux côtés de l'Atlantique, celui du *tyroglyphus phylloxeræ*, M. Riley et moi, sans nous être concertés, confirmions les observations récentes de Claparède et de M. Mégnin sur ces singuliers cas d'hétéromorphisme. Tout ce qu'il importe de noter ici, c'est que, le premier *hypopus* décrit ayant été trouvé sur un insecte, bien que d'autres vivent sur des matières organiques mortes, il est probable que celui du phylloxéra s'attache

I. L'origine du phylloxéra, ses ratages et les moyens de le combattre.

également en parasite à ce suceur de la vigne. Sur ce point, des recherches restent à faire, l'hiver ayant interrompu brusquement celles que M. Riley et moi avions entreprises.

Jusqu'à présent, le rôle de l'acarien en question comme enne-mi du phylloxéra s'est enfermé dans de très étroites limites. Les quelques mots que j'en avais dits à l'Institut sont devenus, grâce à la verve fantaisiste d'une partie de la presse, surtout de l'autre côté de l'Atlantique, le thème de véritables romans où l'*acarus* part en guerre contre le phylloxéra. En dehors de ces inévitables exagéra-tions, l'expérience seulement nous apprendra dans quelle mesure cette guerre très réelle pourra nuire à notre ennemi. En tout cas, aux États-Unis même le tyroglyphe en question n'a pas empêché le phylloxéra de détruire nos vignes d'Europe, et, s'il est vrai, comme je commence à le croire, qu'un tyroglyphe très semblable vive en Europe sur les racines des vignes phylloxérées, l'on ne s'est mal-heureusement pas aperçu qu'il ait sauvé ces vignes de la mort. Ce tyroglyphe européen a été vu et signalé, en même temps que deux autres acariens, en août 1869, par un savant viticulteur, M. Eugène Raspail, de Gigondas (Vaucluse) ; je l'ai retrouvé souvent depuis, soit au milieu des phylloxéras, soit sur des racines de vignes pour-ries d'où les phylloxéras s'étaient éloignés. Cette dernière circons-tance, et ce qu'on savait alors des autres espèces, m'avait fait dou-ter de ses habitudes insectivores, signalées par M. Raspail, mais la découverte du *tyroglyphns phylloxeræ* ouvre un nouveau jour sur la question. En ce moment, dans la terre des flacons où j'ai tenu vivant plus de deux, mois le tyroglyphe d'Amérique, il ne reste plus de traces de cet acarien ni même de sa forme *hypopus*. M. Riley lui-même ne l'a plus revu à Saint-Louis, à partir des premiers froids de l'hiver ; mais il compte les retrouver à l'œuvre dès le printemps et renouveler alors les provisions qui nous permettraient d'en essayer la naturalisation en Europe.

Encore une fois il ne faut pas trop compter sur cet auxiliaire pour vaincre et même simplement pour réduire dans une proportion, notable les légions ravageuses des phylloxéras. Si le salut pour nos vignes non submersibles doit nous venir d'Amérique, ce sera peut-être sous la forme de cépages réfractaires à l'ennemi qui tue les nôtres ; un de nos espoirs repose sur les vignes des États-Unis, et la même loi de changement, qui régit et domine toutes choses,

Jules-Émile Planchon

va peut-être peupler nos vignobles des nombreux cépages dérivés en moins d'un siècle des vignes sauvages du Nouveau-Monde. Un tel sujet est donc à l'ordre du jour : c'est celui que je me propose d'aborder dans une prochaine étude, où je ferai l'histoire des vignes d'Amérique et de leurs produits.

Réduites à des aperçus d'ensemble, dépouillées de l'appareil technique des citations et des preuves justificatives, les pages qui précèdent ne prétendent pas juger sans appel et dans un seul sens les débats ouverts sur une question complexe, hérissée de difficultés de tout genre, du côté de la science comme du côté de la pratique. Résumer sur le premier point les travaux de MM. Riley, Lichtenstein, Signoret, Cornu, Balbiani, Duclaux, c'était s'engager dans un domaine où les naturalistes seuls auraient pu nous suivre ; on peut d'ailleurs consulter avec fruit, sur ce sujet une étude publiée ici même.[1] Quant aux procédés de guérison, l'énumération seule de tous ceux qu'on a proposés remplirait des pages, et sauf des exceptions très honorables, l'analyse de ces procédés n'aurait été qu'une humiliante liste des erreurs, des préjugés, des réclames, qui sont partout comme les scories de la vérité. Heureusement les erreurs passent et les vérités restent ; les subtilités n'ont qu'un temps, le bon sens et l'évidence des choses finissent toujours par triompher.

---

1 Voyez la *Revue* du 1er novembre 1873.

I. L'origine du phylloxéra, ses ratages et les moyens de le combattre.

II. La vigne et le vin aux États-Unis.

C'est d'hier à peine que l'attention des viticulteurs de France s'est portée vers les vignes américaines. Justement fiers de nos vins de luxe, qui n'ont pas d'équivalents dans le monde, et même de nos vins communs, si précieux comme boisson populaire, nous ignorions presque l'existence des nombreux cépages qui, de l'autre côté de l'Atlantique, entrent dans la grande culture, et dont les produits sous forme de raisins de table ou de vin prennent de plus en plus dans la grande république une importance méritée. D'ailleurs, jugeant de tous les raisins des États-Unis par les deux seuls que l'Europe ait longtemps connus, l'*isabelle* et le *catawba*, on leur attribuait à tous indistinctement le goût de cassis ou de framboise (*foxy taste*, goût de renard ou de sauvagine, comme disent les Américains), qui rend ces deux raisins peu agréables. Pour vaincre un tel préjugé, il a fallu que ces cépages dédaignés nous apparussent comme les sauveurs possibles de nos propres vignes, décimées ou menacées par le *phylloxéra vastatrix*.

L'histoire de la culture de la vigne aux États-Unis d'Amérique présente donc en ce moment un intérêt d'actualité. Au point de vue utilitaire, il nous importe de savoir quelles ressources des cépages de ce pays peuvent nous offrir pour la reconstitution de nos vignobles ; au point de vue de la science, c'est une étude des plus instructives que celle des vignes du Nouveau-Monde, car, tandis que dans notre continent l'origine des principaux raisins se dérobe dans l'obscurité des temps, aux États-Unis, terre vierge fécondée par l'intelligence des colons d'Europe, c'est sous nos yeux que sont sortis des vignes sauvages des forêts les éléments variés d'une culture originale. On verra par quels échecs est passée cette culture avant d'entrer dans la voie où l'attendait le succès, et quel ennemi secret a ruiné, pendant deux siècles et plus, les calculs en apparence les plus légitimes fondés sur notre vigne d'Europe ; enfin on essaiera de pressentir quelle influence peut avoir dans l'avenir, sur le régime d'un peuple voué jusqu'ici à l'eau glacée ou au whisky, l'usage de la liqueur généreuse qui répare les forces du corps et verse la gaîté expansive dans les esprits.

Jules-Émile Planchon

I

Il est curieux que le nom même de la vigne se rattache à la première découverte probable du continent américain. *Vinland* est en effet le nom donné aux côtes de la Nouvelle-Angleterre par les Normands Scandinaves qui, partis d'Islande vers l'an 1000 de notre ère, furent jetés par la tempête sur ces parages alors inconnus ; mais ce nom de « pays de la vigne, » où l'enthousiasme patriotique de M. Husmann voit comme un augure de l'avenir de la viticulture en Amérique, est resté longtemps une sorte de dérision dans des contrées où le vin demeure encore un objet de luxe et pour beaucoup un breuvage suspect, coupable aux yeux des sociétés de tempérance des méfaits qu'on peut reprocher aux seules liqueurs alcooliques. Néanmoins les Espagnols et les Français, premiers colons de l'Amérique du Nord, durent chercher dans les raisins sauvages du pays une boisson qui leur rappelât le vin de leur patrie. On cite du vin indigène fait en Floride à la date de 1564. Les Anglais de leur côté, établis dès 1607 en Virginie, essayèrent vers 1620 la plantation d'un vignoble, probablement avec des vignes importées d'Europe, et ce premier essai réussit, dit-on, assez bien pour que la Compagnie de Londres ait eu en 1630 l'idée d'envoyer des vignerons de France dans sa colonie virginienne. Ceux-ci furent bientôt accusés d'avoir laissé périr les vignes faute de soins intelligents, reproche qu'il nous est permis de croire injuste aujourd'hui que plus de deux siècles d'expérience ont démontré l'impossibilité de mener longtemps à bien la vigne d'Europe dans toute la partie de l'Amérique du Nord située à l'est des Monts-Rocheux.[1] Cet échec dans la culture des cépages du vieux monde n'était en effet que le prélude de nombreux insuccès du même genre.

En 1633, William Penn essaya vainement de cultiver la vigne d'Europe en Pensylvanie. En 1690, une colonie de Suisses, fi-

---

1 La seule exception que je connaisse à ce fait semble confirmer la règle générale. Il s'agit d'une vigne d'origine européenne (puisqu'on la dit introduite par les Espagnols) et qui prospérerait au Nouveau-Mexique dans la localité de El Paso, sur le cours du Rio-Grande del Norto, dans le bassin du Pacifique ; mais le procédé de culture auquel ces vignobles sont soumis est des plus curieux : on coupe tous les ans les ceps ras de terre, *au printemps les vignobles sont mis sous l'eau* et conservés dans cet état jusqu'à ce que le sol soit détrempé. N'est-ce pas le procédé de submersion de M. Faucon appliqué par des gens qui, sans le savoir, tuent probablement le phylloxéra sur leurs vignes ? La mention du fait est empruntée à une relation de voyage de M. Mölhausen.

II. La vigne et le vin aux États-Unis.

dèle au culte des vins généreux du Léman, tenta de les produire dans le comté de Jessamine (Kentucky). Un premier fonds de 10,000 dollars fut inutilement dépensé dans cette entreprise ; ils avaient malheureusement voulu cultiver les vignes de leur patrie. Transportant en 1801 leurs pénates à Vevay, dans l'indiana, par le 39e degré de latitude, ils y cultivèrent avec un meilleur succès un cépage réputé indigène, le *cape* ou *schuylkill muscadell* ; mais cette variété, aujourd'hui presque abandonnée, dut se montrer à la fin peu productive, car les vignobles de la colonie déclinèrent peu à peu, et dès 1819 le botaniste Nuttall les voyait céder la place à des champs de blé. Aujourd'hui Vevay, chef-lieu du comté de Switzerland, n'a plus de la Suisse que le nom, et de ses vignobles que quelques restes clair-semés. — Le même échec fut réservé aux tentatives obstinées d'un vigneron lorrain, Pierre Legaud, qui vers la fin du dernier siècle, fit des efforts répétés pour cultiver, près de Philadelphie, des cépages de France, d'Espagne et de Portugal. Deux insuccès analogues sont restés célèbres, celui de nos compatriotes du Champ d'Asile et celui de Lakanal. Chassés du Texas, où ils s'étaient d'abord établis, les premiers, vieux soldats de l'empire, fondèrent sur les bords du *Tombig Bee River*, dans le district de Marengo (Alabama), une petite colonie agricole. Ils eurent le désir très naturel d'y cultiver la vigne d'Europe ; mais tous leurs soins n'aboutirent qu'à des déceptions. Compagnon de leur exil, le célèbre conventionnel dont le nom reste attaché avec honneur à la fondation de l'Institut et du Muséum d'histoire naturelle, Lakanal, fit également de la vigne européenne l'objet d'une sollicitude particulière et digne d'un meilleur succès : le Kentucky, le Tennessee, l'Ohio et l'Alabama furent le théâtre de ces stériles efforts.

Il serait presque fastidieux de multiplier ces exemples. Le nombre en est grand sur tous les points de l'Union, et je pourrais aisément les recueillir dans les ouvrages sur la viticulture américaine [1]: il en est un tout récent qui pourra les confirmer tous, et dont je puis parler de *visu* d'après des notes prises sur les lieux en septembre 1873. L'île Kelley, sur le lac Érié, est un lieu charmant dont la vigne fait la richesse. Cette culture pourtant n'y date que de peu d'années, de 1848 ; un des premiers colons, Allemand de naissance,

1 Notamment dans Robert Buchanan, *Culture of the grape*, 8th edit., Cincinnati 1865 (la première **édition** est de 1850), — G. Husmann, *The Cultivation of the native grape*, New-York 1866, — Strong, *Culture of the grape*, Boston 1867.

Jules-Émile Planchon

feu Thomas Rush, y planta en 1860 huit cents pieds de vignes allemandes, comprenant dix-sept variétés, toutes venues de Neustadt
an der Haardt en Bavière. Ces vignes poussèrent assez bien pendant trois ans, puis elles déclinèrent rapidement et furent successivement remplacées par des cépages indigènes. Les seuls pieds que
j'en aie vus de survivants, bien que misérables et les racines garnies
de phylloxéras, sont deux ou trois *traminer*, variété bien connue en
Allemagne, et qui offrirait peut-être au phylloxéra une résistance
relative. Tous ces faits ont amené les Américains à la conviction
absolue que la vigne d'Europe est réfractaire à toute naturalisation
dans leur pays.

En présence de ces déceptions réitérées, on a dû naturellement
en chercher la cause. Les explications en pareil cas ne manquent
jamais aux soi-disant praticiens, très dédaigneux d'habitude des
recherches scientifiques, et qui se contentent volontiers d'hypothèses vagues, comme les intempéries, la différence de climat,
le peu d'aptitude de la plante à une prétendue acclimatation. Si
de telles causes agissent dans des cas donnés, peut-on les invoquer contre la vigne d'Europe prise en masse, c'est-à-dire dans
l'ensemble de ses innombrables variétés, adaptées en Europe, en
Asie, en Afrique, à des températures relativement excessives, depuis Potsdam jusqu'aux Canaries et même jusqu'en Égypte, dans
le Fayoum, au-dessous du 30e degré de latitude ? L'Amérique du
Nord elle-même n'a-t-elle pas en quelque sorte tous les climats depuis la Floride et la Louisiane, où mûrissent les bananes, jusqu'au
Canada, dont les fleuves gèlent tous les ans, et n'est-ce pas sur toute
cette étendue que la vigne d'Europe a succombé ? D'ailleurs, si ce
dépérissement tenait aux températures extrêmes, comment s'expliquer que les jeunes plants commencent par prospérer, et que le
mal augmente avec leur âge ? Enfin, si c'est une question de température, pourquoi la Californie est-elle peuplée de vastes vignobles,
tous de variétés européennes, tous florissants et dont l'introduction date des premières années de la colonisation espagnole ? A
vrai dire, la vigne d'Europe rencontre dans l'Amérique du Nord les
conditions variées de climat, de sol, qui lui donnent dans l'ancien
monde une aire relativement très étendue. Les mêmes sols se retrouvent des deux côtés de l'Atlantique ; l'acclimatation n'est qu'un
mot faux, s'il veut dire qu'une plante quelconque *se modifie* gra-

duellement, autrement que par sélection possible dans sa descendance, se modifie, dis-je, pour s'adapter à un nouveau climat. Or, ces explications mises de côté, que reste-t-il pour comprendre la mort fatale de nos vignes aux États-Unis ? Une seule chose, très petite en apparence, bien puissante en réalité, bien cachée et par suite longtemps ignorée, bien manifeste quand on a su la voir une fois et qu'on a pu suivre par une étude assidue les effets sur les racines d'abord, puis sur toutes les parties vitales de l'arbuste ; ce petit rien, qui s'appelle légion, n'est autre que le phylloxéra. Avec cette cause si simple, reconnue en premier lieu par Riley et que mes récentes études sur place me font admettre comme évidente, tous les faits s'expliquent et s'enchaînent. La Californie est pleine de vignes d'Europe, elle n'a pas le phylloxéra ; les terres à l'est des Monts-Rocheux ne peuvent nourrir longtemps notre vigne, c'est que sur ce vaste espace le phylloxéra règne en tyran, n'épargnant qu'à des degrés divers les seules vignes indigènes. Ceci nous amène à l'étude des cépages particuliers à l'Amérique ; mais, comme introduction naturelle à ce sujet, il faut tout d'abord esquisser les caractères des espèces d'où dérivent ces variétés.[1]

Si grandes qu'en soient les diversités apparentes, tous les cépages de l'Europe, de l'Asie et de l'Afrique, cultivés pour leurs raisins, sont rattachés par les botanistes à la même espèce, le *vitis vinifera* de Linné. A l'état sauvage ou de lambrusque, cette espèce grimpe partout dans les taillis, sans qu'on puisse dire toujours avec certitude si les variétés locales de vigne dérivent de ces lambrusques du pays, ou si les lambrusques elles-mêmes, au lieu d'être toutes strictement sauvages, ne seraient pas en partie des sauvageons nés du semis accidentel des cépages cultivés, En tout cas, les variétés nouvelles de vignes obtenues de nos jours par le semis rentrent comme de simples nuances dans les types déjà connus, et ces types mêmes remontent pour la plupart à des périodes si anciennes que la trace de leur première apparition est effacée. Il en est tout autrement des vignes du Nouveau-Monde. On en distingue plusieurs espèces sauvages dont quelques-unes parfaitement tranchées : quant aux variétés cultivées, il est généralement assez facile de les rattacher

---

1 On peut consulter à cet égard : Elias Durand, *les Vignes et les vins des États-Unis*, *Bulletin de la Société d'acclimatation*, Paris, avril, mai et juin 1862, et G. Engelmann dans Ch. Riley, 4th *Annual Report in Agricult. Report of Missouri state board of agricult.* ann. 1872.

au type sauvage ; il est même possible pour quelques-unes de marquer la date et le lieu de leur origine. Voici d'abord comme espèce le *vitis labrusca* de Linné. On peut en avoir une idée par l'*isabelle* et le *catawba*. Ses larges feuilles sont tapissées en dessous d'un duvet ras, de couleur fauve ou blanchâtre ; ses raisins, à gros grains, ont tous le goût de cassis ou de framboise dont nous avons parlé. Vient ensuite le *vitis œstivalis* de Michaux, *summer grape* ou raisin d'été des Américains. Les feuilles, très variables de forme, n'ont de duvet floconneux que sur les nervures ; les raisins, à petits grains, plus ou moins acides, n'ont pas le goût de cassis des *labrusca*. Très rapprochées par les caractères, peut-être simples variétés d'un même type, les *vitis cordifolia* et *riparia* ont, comme les raisins d'été, de petits grains avec ou sans goût de cassis ; les feuilles portent à peine quelques poils sur les nervures, ou bien sont pubescentes à la face inférieure, mais sans duvet feutré ni floconneux. Le *mustang*, ainsi nommé du nom indien d'un cheval sauvage, est une vigne du Texas très remarquable par sa vigueur, par ses feuilles couvertes en dessous d'un feutre blanc, d'où le nom de *vitis candicans*. Véritable bourreau des arbres, qu'elle étouffe sous ses innombrables rameaux, cette espèce a de gros grains à pulpe blanche ou rouge de sang, et fournit, grâce à l'addition de sucre, un vin corsé, très coloré, estimé dans le pays, mais peu connu au dehors. On en compte, paraît-il, cinq variétés. La fertilité de cette vigne est telle qu'un pied âgé de huit ans a donné jusqu'à 204 litres de vin. Probablement réfractaire au phylloxéra, le mustang serait à ce titre un excellent porte-greffe pour nos cépages d'Europe.

Plus curieuse encore, plus fertile, plus remarquable à tous égards, est une autre vigne des états du sud, la *muscadine*, appelée par les botanistes *rotundifolia* ou *vulpina*, et dont la variété principale porte le nom de *scuppernong*. A l'état sauvage, elle s'élance au sommet des plus grands arbres ; cultivée, elle couvre d'immenses berceaux et prend des proportions si gigantesques que l'on en cite certains pieds comme des merveilles de puissance de végétation. Tel est par exemple le pied historique de l'île Roanoke, sur la côte de la Caroline du nord, planté par les premiers colons du pays, et qui, après deux siècles, couvre de ses rameaux une acre[1] entière de superficie. On en cite un autre dans la Caroline du nord, chez le

---

1 L'acre est de 40 ares 4 centiares.

père du colonel Carrow, dont l'étendue superficielle est de 2 acres. Le bois de cette espèce est dur, l'écorce adhérente et sans stries, les feuilles sont petites, arrondies, luisantes, dentelées, mais sans lobes ni découpures : les grains, peu nombreux dans chaque grappe, sont gros avec une peau très dure ; ils se détachent un à un à mesure qu'ils mûrissent, de telle sorte que la récolte s'en fait sur des toiles placées à terre et d'une manière successive comme pour les olives de Provence. Ces grains se vendent par mesures, comme on le ferait des groseilles à maquereaux. Si grande est la fertilité de la plante qu'un seul pied à l'âge de dix ans peut donner 8 hectolitres de grains égrappés. Telles sont les principales espèces de vigne des États-Unis. J'en néglige à dessein quelques autres dont l'intérêt est presque uniquement scientifique, et qui ne jouent dans la culture qu'un rôle très secondaire.

C'est par une variété de *labrusca* que s'inaugure au début même de notre siècle la viticulture américaine. Le chef vénéré de la colonie suisse de Vevay, John-James Dufour, adopta comme base de cette culture une variété de vigne indigène improprement appelée *cape* ou vigne du Cap, dans l'idée, reconnue fausse depuis, qu'elle n'était autre que le célèbre cépage de la colonie de Constance, au cap de Bonne-Espérance. On l'appelle aujourd'hui *schuylkill*, du nom d'un fleuve de Pensylvanie, sur les bords duquel un certain Alexander, jardinier du gouverneur Penn, l'aurait trouvée, avant la guerre de l'indépendance, aux environs de Philadelphie. De là aussi son nom d'*alexander*. Longtemps conservée comme simple curiosité, elle ne constitua de vignobles qu'à partir de 1805. Les Suisses de Vevay en faisaient un vin rouge ambitieusement comparé au bordeaux, et qui resta le seul vin estimé d'Amérique jusqu'à l'introduction du catawba. « Il était pourtant, écrit M. Robert Buchanan, trop âpre et trop acide pour le goût des Américains, » et cette raison, jointe à la faute grave d'avoir planté ce cépage dans des sols trop bas et trop riches, sans défoncements préalables, est donnée comme la cause de la décadence des vignes de la colonie suisse. Aujourd'hui que l'on connaît l'action destructive du phylloxéra sur la plupart des variétés dérivées du labrusca, on peut se demander si cette cause, alors ignorée, n'a pas été la principale dans la perte de ces premiers vignobles, concentrés dans un étroit espace et dont l'étendue n'a pu être que très limitée.

Jules-Émile Planchon

Avec le *catawba* s'ouvre véritablement l'ère de prospérité de la vigne aux États-Unis. L'origine de ce cépage est entourée de quelques doutes. Le major Adlum, qui le premier en comprit toute la valeur, l'aurait trouvé par hasard en 1820 dans le jardin d'une famille allemande, près de Washington, mais l'aurait en même temps reconnu pour tout pareil à une variété sauvage observée dans le Maryland. La tradition néanmoins veut que ce cépage ait été découvert en 1802 dans le comté de Buncombe, de la Caroline du nord, sur les bords de la rivière Catawba, dont il a emprunté le nom. Nul doute que ce ne soit un dérivé du *vitis labrusca* des bois ; il en a les gros grains à goût très aromatique et les feuilles à duvet très cotonneux ; mais l'arôme des raisins, moins *foxy*, moins framboise, si l'on veut, que dans le type sauvage, la chair plus fondante et plus sucrée, en font un produit perfectionné qu'un heureux-caprice de la nature a mis à la portée de l'homme soit par voie de variation accidentelle de semis, soit peut-être par quelque influence d'hybridation qu'il serait difficile de démêler. Ce qui me ferait croire que l'hybridation aura pu intervenir dans la production des cépages américains en général et particulièrement de ceux du groupe labrusca, c'est que le duvet des feuilles du catawba et de l'isabelle ne reproduit pas exactement celui du labrusca sauvage. Moins dense et n'ayant pas sur le sec une sorte d'éclat demi-métallique, blanchâtre au lieu d'être fauve clair, ce duvet se rapproche de celui des feuilles de plusieurs cépages européens. Tel qu'il est en tout cas, fixé et multiplié par la bouture et la greffe, le catawba reste à juste titre l'orgueil des États-Unis. Le major Adlum se vantait d'avoir, en le propageant, plus fait pour la fortune de ce pays que s'il en avait payé la dette publique ; Longfellow même en a chanté les louanges, et le *sparkling catawba*, avec sa mousse légère et perlée, a pu sans trop d'ambition s'appeler le représentant, — les Américains disent le rival, — de notre vin de Champagne. Pour atteindre en si peu de temps une si haute renommée, il fallait au catawba plus que sa valeur intrinsèque : l'auteur de cette fortune méritée, le vrai créateur de la culture de la vigne et de la production des vins en Amérique, c'est Nathaniel Longworth, dont l'activité entière, et l'on sait ce qu'est l'activité d'un Américain, dont l'intelligence, les efforts, les sacrifices, largement récompensés par le succès, ont ouvert à son pays une source inépuisable de jouissance et de profits.

II. La vigne et le vin aux États-Unis.

Les bords de l'Ohio, sur lesquels cette culture allait se développer, avaient déjà vu des embryons de vignobles, dus surtout aux tentatives des Français, premiers explorateurs de ce fleuve. Sur l'emplacement même qu'occupent aujourd'hui des rues de Cincinnati, un exilé français, nommé Mennessiur, avait dans la seconde moitié du siècle dernier planté un petit vignoble de vignes d'Europe. En juillet 1796, notre célèbre Volney, visitant Gallipolis, siège d'une pauvre petite colonie de compatriotes, y goûtait un vin rouge fait avec un raisin qu'on supposait européen et que les Français auraient apporté au fort Duquesne, mais qui, selon M. Buchanan, n'a été qu'une variété du labrusca. Peu de temps après, en 1799, Dufour de Vevay, descendant l'Ohio, trouvait à Marietta un colon français qui tous les ans faisait plusieurs barriques de vin avec des raisins que l'on disait apportés de France, mais dont les pareils, croissant naturellement dans les îles sablonneuses du fleuve, n'étaient autres que des labrusca, c'est-à-dire l'espèce d'où le Français du fort Venango avait retiré pour la culture le cépage connu de nos jours sous le nom de *venango* ou de *minor's seedling*. Ce n'étaient là cependant que des préludes de culture, des essais restreints et vite avortés : heureux encore lorsque, avec les absurdes idées économiques du gouvernement français de l'époque, on n'obligeait pas les colons d'arracher leurs vignes, comme on l'avait fait pour un vignoble planté par les jésuites à Kaskaskia (Illinois), dans la crainte que la culture de la vigne en Amérique ne nuisît au commerce des vins de France.

C'est vers 1823 que Longworth commençait à Cincinnati son œuvre de viticulteur. Sous sa direction et par son exemple, cette région devint en peu d'années le principal centre de la production du vin en Amérique. L'immigration allemande lui donna pour auxiliaires des vignerons expérimentés, auxquels il cédait à bail de petits lots de terre avec charge d'y planter la vigne, en réservant au propriétaire une part déterminée dans les profits. Grâce à la vigne, l'Ohio put bientôt être appelé « le Rhin d'Amérique. » En 1845, à Cincinnati seulement, il y avait quatre-vingt-trois vignobles, couvrant ensemble une aire de 350 acres : cette surface était devenue de 1,200 acres en 1852 ; elle n'était pas moindre de 4,000 à 5,000 acres en 1873.[1]

---

[1] Le rapport du département de l'agriculture de Washington pour 1870 indique

Pendant d'assez longues années, le catawba fut le cépage prédominant dans ces vignobles de l'Ohio : toute une école de praticiens habiles s'était formée autour de Longworth pour perfectionner la culture de ce raisin, qui donnait et donne encore le Champagne d'Amérique : il entra longtemps pour les 19 vingtièmes dans les vendanges du pays ; mais peu à peu, sous les atteintes multiples des maladies appelées *rot* (pourriture) et *mildew* (moisissure) et sous l'action alors méconnue du phylloxéra, la vigueur de l'espèce a semblé décroître, sa fécondité diminuer, si bien que, depuis vingt ans surtout, on lui substitue graduellement des variétés à produits moins fins, mais à végétation plus robuste. Aujourd'hui le catawba, bien que représenté dans les vignes de Cincinnati et du Missouri, se cultive plus en grand dans les îles du lac Érié et dans une portion de l'état de New-York, dont Hammondsport est le centre. Plus récent dans ces régions, il commence néanmoins à y péricliter.

Une autre variété longtemps célèbre, aujourd'hui en décroissance, est la vigne dite *isabella*, du nom d'une dame Isabelle Gibbs, qui la fit connaître en 1818. On la dit originaire de la Caroline du sud ; elle appartient, comme la précédente, au groupe des labrusca, dont elle a l'arôme trop prononcé. Plus fréquemment cultivée dans les états du nord-est que dans les autres, elle décline partout sous des influences prétendues climatériques, sous lesquelles se cache probablement le phylloxéra. C'est en effet une des variétés que cet insecte a tuées en France, dans le clos de M. Laliman, à côté des variétés résistantes qu'il a envahies sans les détruire. L'isabelle n'a du reste jamais occupé dans les cultures autant de place que le catawba, car elle sert essentiellement à fournir des raisins de table, surtout au marché de New-York.

Dans ce même groupe des labrusca, la variété robuste par excellence est le *concord*, ainsi nommé de la localité de Concord, dans le Massachusetts, où M. E. Bull l'a fait connaître il y a peu d'années. Les larges feuilles du *concord*, sa végétation luxuriante, sa fertilité soutenue, sa résistance aux maladies, compensent ce qui manque aux raisins comme finesse de goût. Les grappes, superbes d'apparence, mais à pulpe tenace et à saveur trop framboisée, se

10,446 acres (4,596 hectares) pour l'état de l'Ohio tout entier, et une production de 155,045 gallons (6,860 hectolitres) de vin ; l'année précédente, il n'y avait eu que 5,574 acres (2,252 hectares) en culture, avec production de 143,767 gallons (5,434 hectolitres de vin), le gallon américain est de 3 litres 78.

vendent partout aux États-Unis : c'est le raisin populaire, *a grape for the million*, comme on dit en Amérique, ce qui n'empêche pas qu'un raisin de grosseur moyenne ne se vende vingt centimes aux étalages des coins de rue où des marchands, Italiens pour la plupart, exposent les fruits variés du pays. Très inférieur au catawba, le *concord* donne pourtant un vin blanc ou rouge dont les Américains ne craignent pas le bouquet et dont le mode de cuvaison fait varier la saveur et le coloris. L'*ives seedling*, le *hartford prolific*, sont des raisins du même groupe, d'acquisition relativement récente, et qui, par leur rusticité, leur vigueur, leur fécondité, supplantent peu à peu dans la faveur des vignerons les variétés plus anciennes et plus délicates. Parmi ces dernières se trouve le meilleur raisin de bouche de l'Amérique, le seul même qui plaise franchement au palais des Européens, je veux dire le *delaware*. L'origine de ce joli cépage reste enveloppée d'obscurité. Il n'est pas facile de le rattacher avec certitude à quelqu'une des espèces sauvages, l'absence du goût de cassis l'éloignant des labrusca, dont ses feuilles tendraient à le rapprocher. Quelques-uns même ont cru voir en lui une variété européenne, hypothèse qui est contredite par l'ensemble de ses traits. La couleur originale des fruits d'un blond foncé rappelant le *terret bourret* du sud de la France, une peau relativement fine, une chair fondante et douce à saveur peu prononcée, lui font une place à part entre tous les raisins des États-Unis ; le vin qu'on en retire est blanc plus ou moins rosé et d'un bouquet très-délicat. Malheureusement ce cépage dépérit en cent endroits par des causes en général mal comprises, où l'on retrouve encore l'influence occulte du phylloxéra.

Jusqu'ici, en dehors du delaware, dont la filiation est douteuse, nous avons vu les deux premières périodes de la culture de la vigne indigène reposer sur des variétés de labrusca. Vient maintenant une série d'un autre groupe, les variétés que l'on rattache au raisin d'été. Quatre variétés principales de ce groupe occupent un rang distingué dans les vignobles, surtout dans la région vinicole du Missouri, dont Hermann est devenu le centre : ce sont le *norton's Virginia*, le *cynthiana*, l'*herbemont* et le *cunningham*. Gagnée de semis, il y a plus de quarante ans, par un docteur Norton, de Richmond en Virginie, la première donne un vin rouge corsé, coloré, riche en bouquet, comparable, sauf la finesse, aux bourgognes,

Jules-Émile Planchon

et auquel les Américains ont donné l'épithète de *médicinal*, c'est-à-dire hygiénique, tonique. D'abord méconnu par Longworth, qui le déclara médiocre, ce cépage acquit entre les mains des habiles vignerons d'Hermann une renommée qui s'étend déjà dans toute l'Amérique et qui pourra grandir vite en Europe, si sa remarquable résistance au phylloxéra et les qualités du vin qu'il fournit en font un des éléments importants de la reconstitution de nos propres vignes. Le *cynthiana* en est très voisin ; originaire de l'Arkansas, où l'on suppose qu'il a été trouvé à l'état sauvage, il ne figure que depuis 1858 dans les vignobles d'Hermann, mais on le vante comme un cépage de grand avenir et comme ayant donné déjà le meilleur vin rouge du Missouri. L'*herbemont*, bien que de renommée récente, date pourtant d'assez loin, s'il est vrai que feu Nicolas Herbemont l'ait découvert en 1798, dans une vieille vigne de la Caroline du sud. L'indigénat de cette variété fut établi lorsqu'on l'eut retrouvée sauvage dans le comté de Warren, en Géorgie, d'où le nom de *warren*, sous lequel elle est connue. C'est, avec le *cunningham*, le cépage dont la vigueur s'annonce le mieux à Montpellier comme résistance au phylloxéra ; à ce titre et par sa grande fertilité, qui l'a fait nommer *sacs à vin, bags of wine*, il mérite de figurer au premier rang parmi les cépages que nous sommes en train d'introduire. On place également dans le groupe des raisins d'été le *lenoir* ou *long*, dont M. Laliman a constaté la résistance au phylloxéra en même temps que l'excellence de son vin ; le *devereux*, donnant un excellent vin blanc ; le *rulander* ou *sainte-geneviève* (différent du rulander d'Allemagne), et le *louisiana*, introduit de la Nouvelle-Orléans dans le Missouri. On a cru longtemps à l'origine européenne de ces deux derniers, mais M. Husmann les tient pour bel et bien américains. Le *cunningham* est aussi d'origine virginienne ; né dans un jardin de feu Jacob Cunningham, dans le comté de Prince-Edward, il eut pour parrain et patron le docteur Norton, qui en fit du vin en 1835. Il s'accommode, paraît-il, des terrains calcaires maigres, à l'exposition du sud, et doit peut-être à cette sobriété de besoins l'aptitude qu'il semble montrer à végéter dans les rares points où l'on en a fait l'essai près de Montpellier. Aux variétés qui précèdent et que l'on suppose, sans preuves certaines, dérivées du *vitis œstivalis*, se rattachent d'assez près celles qu'on estime issues des *vitis cordifolia* ou *riparia* ; telles sont entre autres le *clinton* et le *taylor*. Cette origine n'est guère douteuse quant au taylor, dont les feuilles membraneuses, presque glabres, à grosses dentelures triangulaires, rappellent, à s'y méprendre, le type sauvage du *vitis cordifolia*, tel que je l'ai vu enlaçant de ses élégans festons les arbres de Goat-Island, près des chutes du Niagara. Le *clinton*, avec ses feuilles légèrement pubescentes sur les nervures, se rapproche davantage de la forme dite *riparia* ; il conserve dans ses petits grains noirs un peu du goût de cassis des gros grains des labrusca ; mais ce bouquet étrange, que les Américains craignent du reste moins que nous, n'empêche pas le *clinton* d'occuper une large place dans les vignes, parce que sa constitution vigoureuse lui permet de se défendre contre les diverses causes de destruction qui compromettent des variétés plus délicates. Particulièrement sujet aux galles du phylloxéra, il supporte sans faiblir les attaques de cet insecte sur l'abondant chevelu des racines. Ces qualités et la facilité avec laquelle il se multiplie par la simple bouture en feront probablement pour nous, surtout comme porte-greffe de nos cépages, un auxiliaire précieux. Le *taylor* donne un raisin blanc, base d'un vin estimé que l'on compare au célèbre *riessling* des bords du Rhin : une grande vigueur de végétation et une heureuse résistance aux maladies le recommandent au même titre que le *clinton*, mais on le dit moins fertile et par suite moins fréquemment cultivé. Ces variétés sont du reste relativement récentes ; le *clinton* ne remonte qu'à 1821, époque où le premier pied en fut planté dans l'enceinte d'un collège de New-York.

A côté des vignes américaines de grande culture, il y aurait encore lieu de signaler de très remarquables produits de croisements entre ces vignes indigènes et nos divers raisins d'Europe. Les succès obtenus dans cette voie par les jardiniers Rogers, Allen, Arnold et autres font le plus grand honneur à la pomologie des États-Unis. Chez un peuple essentiellement utilitaire, la culture des fleurs d'ornement est naturellement négligée, celle des fruits excite au contraire un intérêt général. De là tant de progrès dans cette branche délicate et féconde de la culture qui, par le semis et l'hybridation, façonne en quelque sorte des êtres nouveaux dans les moules des types sauvages ou déjà perfectionnés. Pour ne parler que des raisins, c'est par centaines que s'en comptent aujourd'hui

Jules-Émile Planchon

les variétés indigènes.[1] Quant aux hybrides, quelques-uns, comme le *goethe*, le *salem*, le *wilder*, ont déjà pris rang parmi les raisins de table ; mais ce serait nous perdre dans les détails que d'insister sur ces produits d'un art raffiné et d'une culture encore restreinte. Revenons aux vrais vignobles pour marquer la phase nouvelle où l'immigration vers l'ouest a fait entrer la production de la vigne.

Précaire, intermittente, à peu près nulle tant qu'elle voulut se fonder sur les cépages d'Europe, on a vu la culture de la vigne s'établir modestement au début de notre siècle dans la vallée de l'Ohio. Des Français, des Suisses, en sont les initiateurs ; débuts bien chancelants encore, pleins de tâtonnements, d'imperfections inévitables, les fautes dues à l'inexpérience s'aggravant par l'action latente du phylloxéra sur un cépage peu résistant, d'ailleurs la population clair-semée, la difficulté des communications, les habitudes du pays, étaient autant d'obstacles à la consommation du vin et par conséquent à l'extension de la vigne. Avec le *catawba* comme cépage fondamental, avec Longworth et ses émules comme chefs de file des vignerons, avec l'immigration croissante des Allemands, qui sont à la fois ouvriers pour la vigne et consommateurs de vin, avec l'imitation de notre Champagne, une ère nouvelle s'ouvre pour la culture de la vigne dans un des états de l'ouest. Cincinnati devient à la fois centre de culture pour cet arbuste et de commerce pour les vins. On y multiplie avec une rapidité tout américaine les vignobles de *catawba*, et plus tard, après 1850, lorsque ce cépage, toujours délicat et sujet aux maladies, décline dans le district auquel il avait d'abord porté la richesse, les négociants de Cincinnati vont demander aux îles du lac Érié et au rivage méridional de cette vaste mer d'eau douce un supplément de jus de ce cépage, qu'ils sauront transformer dans leurs celliers en Champagne américain. Adouci par l'influence d'une immense nappe liquide, le climat de cette région lacustre semble favoriser la nature du *catawba* mieux que les températures extrêmes de Cincinnati, placé pourtant à plus de 3 degrés de latitude plus au sud ; mais la raison principale de cette meilleure réussite est peut-être la jeunesse relative de ces vignobles de l'Érié, qui les a soustraits pendant quelques années à l'action lentement destructive du phylloxéra. La plus ancienne

---

1 Voyez à cet égard : A.-S. Fuller, *the Grape culturist*, New-York, — Isidor Bush. and Son, *Illustrated descriptive Catalogue of grape vines*, Saint-Louis 1869.

vigne de *catawba*, plantée dans l'île Kelley, le fut en 1848 par M. Charles Carpenter, agriculteur distingué de qui j'ai obtenu d'excellents renseignements sur le sujet qui m'occupait pendant ma mission en Amérique. La vigne en question existe encore ; mais elle est sur le déclin comme toutes celles de la même espèce.

Cependant à mesure que le *catawba*, comme culture, déclinait sur les bords de l'Ohio, un nouveau centre de vignoble naissait et grandissait à vue d'œil dans l'état du Missouri. Simple poste de commerce de la compagnie française des fourrures.de la Louisiane en 1764, bourgade insignifiante en 1811, ville naissante en 1830, Saint-Louis comptait en 1870 plus de 312,000 âmes de population. Un immense flot d'immigration, principalement allemande, a submergé en trente ans la primitive colonie française, dont quelques descend ans figurent encore avec honneur dans le haut commerce et la société élevée du pays. Fondateurs et immigrants ne demandaient pas mieux que de faire du vin ; mais on a vu par quelle politique inintelligente la métropole française cherchait à entraver cette culture. Saint-Louis, même devenu américain, n'avait pas un seul vignoble en 1840. Le centre des vignobles les plus importants du Missouri, Hermann, eut son premier pied de vigne planté presqu'à cette date ; c'était une *isabella*, qui fut bientôt propagée, en même temps que le *catawba*, récemment importé de Cincinnati, et dont on fit les premières et très restreintes récoltes en 1848. Séduits d'abord par l'excellence de ce cépage, les vignerons le multiplièrent en tout terrain ; mais la pourriture et le *mildew*, sévissant sur ce raisin délicat, calmèrent bien vite cet engouement des premiers jours. Heureusement des cépages plus robustes arrivèrent à point nommé pour rendre le courage aux vignerons, et constituer en peu d'années, sur les bords du Mississipi en amont de Saint-Louis, et principalement le long de la ligne actuelle du *Pacific and Missouri railroad*, un des plus grands centres vinicoles de l'Union, entre les Alleghanies et les Monts-Rocheux. Le *nortoris Virginia* parut d'abord, importé de Cincinnati et de Virginie vers 1850 ; le *concord* suivit bientôt en 1855, puis le *clinton* et les autres variétés qui constituent le fonds des vignobles de la région.

Le succès du Missouri a suscité naturellement à cet état de nombreux imitateurs : l'Indiana, l'Illinois, ont largement étendu leurs plantations de ce genre ; le Kentucky, le Tennessee, l'Arkansas,

Jules-Émile Planchon

l'Iova, la partie sud-est du Michigan, suivent plus lentement cette impulsion : en somme, le vaste bassin du Mississipi et surtout de ses affluons le Missouri et l'Ohio semble devoir être dans sa région moyenne un champ indéfini de production pour la vigne, comme il l'est déjà pour les céréales et les pâturages.[1] Les états du nord-est, où la culture des raisins de table est disséminée sur beaucoup de points, ne présentent pas en proportion autant de vignobles d'étendue moyenne ou considérable. Le *concord* y domine, élevé surtout en treille comme ornement des tonnelles rustiques ou des murs des habitations ; c'est dans l'état de New-York que se cultivent des *catawba*, dont les fabricants de vin de Cincinnati et de Saint-Louis viennent prendre sur place le produit à l'état de première fermentation pour le convertir en Champagne dans leurs celliers spéciaux. Dans le sud-est, le *scuppernong* tient la première place, et grâce au peu de main-d'œuvre qu'il exige, à sa vigueur à toute épreuve, à son incroyable fertilité, c'est le plant qui semble, dans ces régions du tabac et du coton, avoir le plus d'avenir. La Caroline du nord, la Caroline du sud, la Géorgie, sont les états où la vigne se propage le mieux. Dans l'Alabama et la Louisiane, régions de la canne à sucre, la vigne compte à peine comme culture, bien que la Nouvelle-Orléans, avec ses traditions et ses goûts français, soit un centre de consommation pour les vins de France ; le Texas, plus riche en vignes indigènes, fait des vins particuliers avec son *mustang*. Enfin la Californie, vraie terre promise pour tous les fruits d'Europe, possède en vignes, presque toutes européennes, d'immenses étendues qui s'accroissent tous les ans, le nombre de ceps en 1861 n'étant pas moindre de 10,592,688, dont 2,570,000 dans le seul comté de Los Angelos et 1,701,660 dans celui de Sonoma. C'est l'état où les vignobles sont le plus vastes ; on en citait un en

---

1 En 1858, un rapport de M. Erskine adressé au gouvernement anglais indiquait comme suit en acres l'étendue respective des vignobles dans certains états : 3,000 dans l'Ohio, 500 dans le Kentucky, 1,000 dans l'Indiana, 500 dans le Missouri, 500 dans l'Illinois, 100 dans la Géorgie, 300 dans la Caroline du sud, 200 dans la Caroline du nord. La récolte totale en vin des États-Unis est évaluée dans le même document à 2 millions de gallons. D'après les documents officiels cités par M. Isidor Bush, voici quelle aurait été la progression de la production totale des États-Unis dans les trente dernières années : en 1840, 124,734 gallons, en 1850, 221,249, en 1860, 1,860,008, en 1871 au moins 14 millions de gallons. (Isidor Bush, *American. Weinbau und Weinhandel in Wielandy, erster Deutscher Jahresbericht der Staats-Ackerbehörde von Missouri*, Jefferson-City, 1872.)

II. La vigne et le vin aux États-Unis.

1865 qui comptait plus d'un million de ceps.

Il faut bien le dire pourtant, à part cette région californienne, où les traditions sont plus espagnoles et les habitudes plus européennes que yankees, le reste des états de l'Union ne montre encore la vigne qu'à l'état de dissémination et comme perdue au milieu des bois, des prairies ou des cultures de maïs, de nos céréales, de coton et de tabac. Autant les vignes sauvages sont abondantes et décorent avec grâce les arbres et les buissons des régions agrestes, autant les vignobles font peu d'effet dans l'ensemble du paysage civilisé. Emporté par la vapeur à travers les forêts, les marécages, les prés et les champs, le voyageur ne saisit que de loin en loin les massifs verdoyants des pampres alignés en longues files et serrés en rangs symétriques sur les poteaux qui leur servent de support. En France, dans les régions où la vigne est souveraine, elle couvre d'immenses espaces d'un flot continu de verdure : elle est le fond même du paysage, d'où tout le reste se détache ; en Amérique, sauf quelques points où les vignobles s'étagent sur les collines ou s'étalent en larges plaques dans les plaines, la vigne n'est qu'un accessoire dans l'ensemble du pays. Dans la Caroline du nord par exemple, pays agreste où la forêt domine encore, englobant les espaces défrichés, il faut aller chercher loin des grandes voies des vignobles dont quelques-uns ont des 50 ou des 90 acres d'étendue, et là même, s'il s'agit du *scuppernong*, ce n'est pas en surface continue que s'étend le tapis de sa verdure, on ne voit que des berceaux aplatis, formant dais et laissant entre eux de larges vides où l'on cultive des fraisiers ou d'autres plantes herbacées.

Le précepte du *vilis amat colles* est aussi vrai en Amérique qu'en Europe lorsqu'il s'agit de la qualité du vin ; mais là, comme chez nous, la vigne en plaine, pourvu que l'eau n'y soit pas stagnante, donne des produits plus abondants que sur la colline. Le défoncement du sol, le drainage, s'il y a lieu, sont des conditions préalables d'établissement d'un vignoble. Les bas-fonds, les bords des cours d'eau, doivent être évités comme sujets aux gelées ; l'exposition varie suivant les lieux, mais il faut la choisir de telle sorte qu'on échappe aux vents froids du nord et du nord-ouest, et qu'on reçoive les vents humides et chauds du sud et du sud-ouest. La plantation se fait par lignes avec des intervalles de 1,m80 entre les rangées et de 1m,80 à 3 mètres d'un cep à l'autre suivant la force

Jules-Émile Planchon

de végétation des variétés. La taille comporte des détails divers depuis la première année de la plantation jusqu'au régime définitif de la mise à fruit, qui s'établit en général à quatre ans. Des échalas soutiennent chaque cep ; les sarments libres ou diversement liés en cordons, droits ou courbés en arc, sont taillés les uns à deux ou trois yeux pour donner le bois à fruit de l'année suivante, les autres à six, sept ou huit yeux pour donner le fruit de l'année. Le *scuppernong*, qui est une vigne à part à tant d'égards, ne souffre d'autre taille que la suppression de quelques gourmands ou du bois mort. La multiplication par semis n'est utile que pour rechercher des variétés nouvelles. Le bouturage, le marcottage, la multiplication par yeux isolés, la mise en terre, les soins aux boutures, les labours à la houe et à la charrue, rappellent, à quelques modifications près, les opérations analogues faites en Europe, et naturellement variées suivant les climats et les lieux.

Les époques de vendange varient suivant les localités et la nature des cépages. Dans les états du nord-est, on préfère aux variétés tardives celles qui mûrissent de bonne heure, mais il arrive que même celles-là n'atteignent qu'une maturation imparfaite, si le retour des froids est trop précoce ou l'été et l'automne trop peu chauds. Heureusement que le mois d'octobre est en général en Amérique un très beau mois appelé « été indien, » comme nous appelons « été de la Saint-Martin » la série des belles journées de novembre. Ces dernières caresses du soleil mûrissent souvent les raisins tardifs de la Nouvelle-Angleterre et du lac Érié. Dans les états du centre, du sud et de l'ouest, la vendange commence, comme chez nous, vers la fin d'août, et s'achève vers la fin de septembre ou même en octobre, si la saison est tardive : l'essentiel est que les raisins soient bien mûrs au moment de la cueillette, surtout s'il s'agit d'en faire du vin, auquel cas la maturation avancée dispense de l'addition de sucre dans les moûts en vue d'élever le titre alcoolique du vin. Ici commence en effet une opération capitale que mon intention n'est pas d'exposer en détail, mais dont il y a quelque intérêt à faire connaître la marche et le produit : je veux dire la vinification et le vin,

II

Faire de bon vin même avec de bons raisins n'est pas, on le sait, chose si simple dans les pays où la tradition s'éclaire des données les plus précises de la pratique et de la science, à plus forte raison dans une région toute neuve, pour des colons d'abord en lutte avec toutes les difficultés d'une vie demi-sauvage, et qui, la plupart venus d'Angleterre, ne connaissaient la vigne que de nom. Les raisins sauvages auront beau tenter leurs lèvres, ils y mordront peut-être avec plaisir : de cette jouissance d'enfant à la confection savante d'une liqueur rappelant le vin d'Europe, il y a tout l'intervalle de l'instinct à l'art raffiné. Sans doute le penchant universel vers les liqueurs alcooliques portera même les Anglo-Saxons à remplacer par le jus fermenté des raisins sauvages la bière qu'ils buvaient dans leur patrie ; mais les puritains de la Nouvelle-Angleterre, impuissants à détruire autour d'eux l'usage des liqueurs fortes, proscriront le vin au profit de l'eau glacée ; les cavaliers des états du sud, moins austères à l'endroit des jouissances, essaieront seuls sans grand succès d'introduire la vigne d'Europe, ne comptant que sur elle comme source antique du vin, sans songer que l'Amérique, plus généreuse, leur en tenait en réserve des sources nouvelles sous la forme de raisins parfumés. On a vu quels échecs arrêtèrent ces premiers essais mal dirigés, et comment deux siècles presque s'écoulèrent avant que la fabrication du vin d'Amérique avec des raisins américains devînt autre chose qu'une affaire de fantaisie individuelle sans portée et sans conséquence. Nous ne savons ce que pouvait être le vin fabriqué en Floride en 1564 avec des raisins indigènes, mais Volney dit que l'on qualifie de « méchant Surène » le vin que ses compatriotes de Gallipolis faisaient avec une vigne de l'Ohio ; les Suisses de la Nouvelle-Vevay eux-mêmes durent en partie leur échec dans la culture du *cape* à l'imperfection du vin qu'ils en retiraient ; il fallut la découverte du *catawba*, les travaux de Longworth et de ses émules de la Société d'horticulture de Cincinnati pour que la fabrication du vin d'Amérique, bien que fondée sur l'imitation des procédés les plus rationnels de l'Europe, devînt une sorte de triomphe national.

Tant que les raisins soumis à la vinification furent ceux du groupe des labrusca, l'obstacle à vaincre était d'éviter dans le vin la trop forte saveur framboisée du fruit. On y parvint pour le *catawba*, comme on le fait pour le *concord*, en extrayant immédiatement le premier jus des raisins et le faisant fermenter en dehors du marc. De cette façon, des raisins rouges ou noirs donnent un vin blanc, et l'arôme, en grande partie concentré dans le tissu qui reste adhérent aux pellicules, ne passe qu'en proportion assez faible dans le vin. Il y en a dans ce cas juste assez pour communiquer au vin blanc ce bouquet léger que les Américains recherchent et qui ne déplaît pas même aux Français dans le Champagne d'Amérique. Fabriqué en grand à Cincinnati, à Saint-Louis, à l'île Kelley, ce dernier vin est le plus connu, le plus justement estimé parmi tous les vins blancs des États-Unis. A ce titre, il ne sera pas sans intérêt de faire connaître un des établissements d'où ce vin sort tous les ans par centaines de mille de bouteilles.

Situé dans une des îles du lac Érié, le chais de la *Kelley's Island wine company* constitue un vaste bâtiment en pierre de taille, assez lourd d'aspect et auquel les quatre tourelles de ses angles donnent un faux air féodal peu en rapport avec sa destination. Toute la portion hors du sol forme une salle de 58 mètres de long sur 25 mètres de large. C'est là que se fait le pressage et la cuvaison des raisins. Deux plafonds de bois divisent la pièce en trois étages ; au rez-de-chaussée sont six grands pressoirs. Les raisins arrivent de la campagne, apportés par divers propriétaires : on les met dans une caisse routant sur des rails, qui les amène sur une bascule ; on les pèse, on en paie le prix sur place, on les verse dans une cuve d'où un élévateur à auges, mû par la vapeur, les prend et les transporte au deuxième étage dans la trémie d'une machine à égrapper qui écrase les raisins, et, mettant de côté les rafles, n'en laisse passer que les grains et le jus. Le jus, séparé du marc, est alors conduit par des tuyaux dans les cuves à fermentation placées sur le premier plafond le marc descend au rez-de-chaussée pour être soumis aux pressoirs. Ceux-ci sont commandés par une machine à vapeur de 15 chevaux, placée dans une pièce annexe ; mais on peut à volonté faire agir les pressoirs par la vapeur ou par une barre à main. Ces pressoirs traitent chacun à la fois trois tonnes de marc en six heures, et telle est la rapidité de l'ensemble des opérations que l'on peut en six minutes recevoir 2,070 livres de raisins, les écraser et en mettre le jus dans les cuves ; vingt-quatre heures suffisent pour en traiter 72 tonnes. Dans le sous-sol sont disposés en deux étages

de vastes celliers voûtés, enfermant assez de foudres ou de bouteilles pour loger au besoin 350,000 gallons de vin. le Champagne
mousseux, *sparkling catawba*, n'y compte que pour une part encore
assez faible, une large proportion des *catawba* étant réservée pour
ce qu'on nomme *still catawba*, lequel peut être sec ou sucré, suivant
le mode de fermentation adopté. D'autres vins portent le nom des
cépages qui en constituent la base, tels sont le *concord*, l'*ives seedling*, le *delaware*, l'*isabella*, l'*iova*, etc.

Sur l'île Kelley seulement, il existe au moins dix chais importants
pouvant contenir les plus grands 350,000, les plus petits 50,000 gallons de vin. Celui de M. Rush renferme trois rangées de foudres, au
nombre de 72, dont la capacité varie de 700 à 2,200 gallons. Tous
ces vaisseaux sont bien construits, soigneusement tenus : on y re-
connaît l'œuvre de la race des puissants buveurs qui symbolisèrent
jadis, dans le célèbre tonneau de Heidelberg, le culte du Bacchus
des bords du Rhin. Les autres petites îles du lac Érié, Middle Bass
surtout, renferment également de vastes chais. Cincinnati, Saint-
Louis, Hermann, n'en restent pas moins les grands centres de fabrication des vins variés, rouges ou blancs, qui sous des noms divers
commencent à se répandre dans la consommation du pays.

Juger en détail ces vins d'Amérique serait une tâche au-dessus de
ma compétence ; je me bornerai à quelques remarques générales.
Ce qui est certain, c'est que ces vins des États-Unis ont conquis
leurs titres à l'estime non pas seulement auprès des Américains,
juges un peu prévenus dans leur propre cause, mais en Europe
auprès des jurys des expositions de Paris et de Vienne, auprès de
producteurs et négociants de Montpellier et de Cette. Les rares
échantillons que j'ai pu en soumettre à ces derniers ont eu assez
de succès pour engager les chambres de commerce de ces deux
villes à préparer, de concert avec la Société d'agriculture de l'Hérault, une exposition spéciale de ces vins, mesure d'autant plus op-
portune que l'introduction des cépages d'Amérique va peut-être
transformer en quelques années le fond même de nos cultures de
vignes, et fournir à la fabrication des vins de France des éléments
tout nouveaux.

Le préjugé à vaincre à l'égard des vins d'Amérique était surtout
l'idée du goût de cassis, attribué à tous indistinctement. Quelques
remarques oubliées de feu Cazalis Allut auraient pu pourtant rec-

Jules-Émile Planchon

tifier cette prévention mal fondée : dès 1835, ce praticien distingué faisait avec l'*isabelle*, raisin framboise par excellence, un vin agréablement parfumé lorsqu'il l'avait laissé cuver sur marc, un autre sans goût spécial lorsqu'il l'avait séparé des grappes. D'ailleurs l'introduction du *delaware*, du *norton's Virginia*, des cépages dérivés de la vigne d'été, supprimait d'un seul coup le goût de cassis de toute une catégorie de vins, laissant à chacun un bouquet propre, souvent très délicat, qui rappelle chez les uns le sauterne, chez d'autres les vins de Bourgogne où les vins du Rhin et de Hongrie. Un reproche plus spécieux, c'est le faible titre alcoolique que donneraient aux États-Unis la plupart des moûts naturels. A cet égard, il serait difficile d'assigner les limites maximum et minimum de valeur saccharine de chaque cépage ; ce titre varie suivant le climat du lieu, suivant la saison et suivant le cépage lui-même. Quand la saison est favorable, le *catawba*, même dans l'état de New-York, donne jusqu'à 12 degrés d'alcool pur : ce titre s'abaisserait de plusieurs degrés dans les années défavorables, si l'on n'avait soin d'ajouter au moût naturel avant la fermentation une quantité de sucre calculée sur le déficit du sucre normal du raisin. Indiquée en premier lieu par Macquer, puis par Chaptal et par Petiot, développée et perfectionnée en Amérique par le docteur Ludwig Gall, cette opération est acceptée et préconisée par les meilleures autorités œnologiques du pays. Galliser le vin (le traiter par le procédé Gall) est une expression courante parmi les vignerons des États-Unis, et qui signifie ajouter au moût du sucre étranger, soit pour élever le titre alcoolique d'un vin fait en une fois, soit pour faire avec les mêmes raisins deux cuvées successives, la première avec le moût normal séparé du marc, la seconde avec le marc lui-même, auquel on ajoute de l'eau et du sucre. Ainsi traité par exemple, le *concord* donne un premier vin blanc à saveur peu prononcée, puis un vin rouge inférieur, mais encore assez agréable et susceptible de conservation : ce n'est pas, comme on pourrait le croire, une piquette renforcée, c'est du vin chez lequel une simple addition de sucre a fait utiliser les quantités surabondantes d'acides, de tannin et d'arôme contenus dans le pulpe qui adhère aux pellicules. Si cette opération est légitime en elle-même, à la condition de n'être pas dissimulée à l'acheteur, le succès dépend beaucoup de la justesse des proportions du mélange de moût, de sucre et d'eau, et du

II. La vigne et le vin aux États-Unis.

rapport de ces éléments avec les acides du vin : le glucomètre, l'aci-
dimètre, sont, entre les mains d'opérateurs instruits et habiles, des
instruments indispensables, dont l'usage négligé par les uns, mal
compris par d'autres, explique beaucoup d'imperfections des vins
livrés au commerce ou consommés par le producteur. La nature
du sucre influe beaucoup sur la qualité du vin : si c'est du glucose
tiré des pommes de terre, il risque d'introduire dans le vin un goût
étranger ; le sucre de canne échappe à ce reproche et n'a contre lui
qu'un plus haut prix.

Est-ce à dire que la production du vin en Amérique soit fatalement
condamnée à ces procédés artificiels et coûteux ? Évidemment
non. Pour les vins fins, on s'en tient autant qu'on peut au moût
naturel ; pour les vins ordinaires, on ne craint pas d'augmenter
la dose du sucre pour diminuer d'autant au moyen de l'eau l'excès fréquent des acides et de l'arôme. Ceux qui s'imaginent trouver
dans le vin un produit direct du ciel s'insurgeront contre de telles
manipulations ; mais Les gens pratiques estimeront que l'art entre
pour beaucoup dans la laqueur du vieux Noé, et réserveront leurs
justes reproches à toute addition malfaisante, à toute fraude viciant
la nature même du produit offert au consommateur.

Bien que la qualité du sol, l'exposition et les conditions locales
doivent sûrement exercer en Amérique sur les produits de la vigne
une influence incontestable, on n'en est pas venu, dans cet immense
pays, à classer les vins d'après leurs provenances spéciales. La no-
tion du *cru*, attachée en Europe comme un titre de noblesse à tels
vins d'un clos, d'un coteau, d'un vignoble particulier, n'a pas encore
pénétré dans la langue du commerce des vins d'Amérique. On y
désigne ceux qui sont purs ou censés tels par le nom du cépage qui
les produit, ou bien c'est sous des noms de vins d'Europe, *oporto*,
claret (bordeaux) *hock* (pour *hochheimer*), *riesling*, que circulent
des mélanges auxquels il serait difficile le plus souvent d'assigner
un caractère déterminé ; Accommodés au goût des Allemands,
ces produits du commerce se consomment principalement dans
l'ouest ; ils s'y rencontrent chez les négociants avec les vins venus
de Californie, et qui, tantôt alcoolisés à outrance, tantôt affadis par
le sucre, se vendent sous les noms de *porto*, d'*aliso*, d'*angelico*. Ces
boissons ne valent que ce que vaut la maison qui les produit. A
côté de ces breuvages de mérite secondaire ou nul, les producteurs

directs et les négociants qui se respectent livrent des vins capables de satisfaire le goût difficile des connaisseurs de vins d'Europe ; on peut même dire que le vin, étant un objet de luxe en Amérique et se consommant plutôt par petits verres que par bouteilles, est en moyenne, dans ce pays, bien supérieur non-seulement aux affreux breuvages dont s'empoisonne, sous le nom de vin, le public de nos cabarets, mais à nos petits vins de consommation courante.

En présence de l'accroissement rapide de la culture de la vigne en Amérique et du perfectionnement des vins de ce grand pays, pouvons-nous craindre que notre commerce d'Europe souffre de cette concurrence, soit par la diminution de nos exportations, soit parce que les vins d'Amérique trouveraient leur voie sur nos marchés ? La question, aussitôt posée, — elle ne se serait pas même posée, il y a dix ans, — se résout par la négative. Bien des raisons en effet empêcheront les vins d'Amérique de supplanter les nôtres en Europe et sur les autres points du Nouveau-Monde. D'abord et par-dessus tout c'est la cherté de la main-d'œuvre dans presque tous les états de l'Union, et par suite les frais élevés de l'établissement et de l'exploitation d'un vignoble, comme aussi de la fabrication du vin. Dans les frais de plantation, figure pour une large part le prix même des boutures de vigne, prix tel que, près d'Hermann par exemple, 700 pieds d'un an d'*herbemont*, nécessaires pour planter une acre de vigne, étaient en 1865 cotés pour une somme de 175 dollars et que la dépense totale pour une acre de ce cépage n'était pas durant la première année moindre de 620 dollars ; il est vrai que le premier coût de sarments est largement remboursé les années suivantes par la vente des boutures que donne la vigne, vente si profitable en ce moment qu'elle dépasse souvent la valeur du vin de l'armée ; mais les frais d'exploitation sont en tout cas si élevés que le vin de *catawba*, par exemple ne peut pas se vendre chez le producteur à moins de 1 dollar 25 le gallon une année dans l'autre, si l'on veut compter sur un bénéfice raisonnable. Le même vin, à l'état de Champagne mousseux, se vendait à l'île Kelley, en 1873, 14 dollars les douze bouteilles, et 6 dollars à l'état de *still catawba*, ce qui fait près de 2, fr. 60 c la bouteille de ce dernier et près de 6 fr. 15 c. la bouteille de Champagne américain. Il est vrai que, pris en barrique en 1873, le *concord* de 1871 n'est coté que 90 cents le gallon (1 fr. 25 le litre) ; mais, à ce prix même relativement si minime, ce vin ne saurait lutter avec ceux que donnent la France, l'Espagne, où les frais de production sont infiniment moins grands. Il serait même possible que les vins des cépages d'Amérique produits en Europe retournassent dans leur pays natal à des prix inférieurs à ceux des mêmes vins faits sur place, surtout si les droits élevés et les difficultés de douanes n'entravaient pas, comme ils le font aujourd'hui, nos importations en Amérique.[1] Du reste, bien que certains viticulteurs des États-Unis parlent déjà du triomphe de leurs vins sur ceux du vieux monde, le mieux à faire pour eux, c'est de songer à leur marché intérieur et de convertir à l'usage du vin les masses croissantes de leur propre population. L'hygiène, la sociabilité même, gagneraient à ce changement de régime : l'eau glacée sous toutes les formes est sans doute pour beaucoup dans la dyspepsie, qui, dit-on, menace l'âge mûr de tout Américain ; les li-

---

1 D'après un relevé fait par M. Ernest Leenhardt, de Montpellier, la somme totale des vins de France expédiés aux États-Unis en 1867 n'était que de 132,768 hectolitres, sur lesquels 65,596 hectolitres vins fins (de la Gironde) et vins de liqueurs, ces derniers au tarif de 68 francs ou 136 l'hectolitre de droits, plus 25 *ad valorem*. La note suivante, empruntée aux documents officiels et que me communique M. Henri Pagezy, président de la chambre de commerce de Montpellier, démontre que nos exportations ont augmenté depuis 1867.

Exportation de vins de France aux États-Unis.

	1873 - hectolitres	1872 - hectolitres	1871 - hectolitres
Vins de la Gironde en fûts	110, 317	112,385	111,471
Id. en bouteilles	7,953	6,689	7,325
Vins ordinaires en fûts autres que de la Gironde	83,220	121,901	117,847
Id. en bouteilles	24,306	29,848	15,261
Vins de liqueurs en fûts	5,505	6,933	2,736
Id. en bouteilles	1,504	2,889	1,187
Totaux	232,805	280, 645	255,827

Ces exportations représentent une valeur d'environ 23 millions de francs (la différence des prix compensant la différence des qualités).

Jules-Émile Planchon

queurs fortes ravagent bien plus encore la santé physique et morale de leurs victimes ;[1] le vin seul, dans le cercle de la famille, est une source de joie saine qui pourrait verser de la grâce sur les qualités sérieuses d'un peuple énergique, plus soucieux de chiffres que de poésie, trop enclin peut-être à mépriser chez les nations vieillies de l'Europe les qualités qui manquent à son orgueilleuse jeunesse.

En tout cas, ce n'est pas la place qui fait défaut à la vigne pour s'étendre aux États-Unis ; ce n'est pas non plus le nombre de consommateurs qui peut arrêter cette expansion. L'Allemagne par ses flots d'immigrants infuse de plus en plus à ce peuple hétérogène le goût et le besoin du vin. Déjà plus de deux millions d'acres en vignobles ont pu donner, en 1871, 14 millions de gallons de vin ; le seul obstacle est dans le haut prix de la production, et le seul échec possible dans les maladies endémiques, dans les causes de destruction qui compromettent temporairement les récoltes de certaines variétés ; c'est donc à l'étude des ennemis de la vigne que notre attention est naturellement ramenée.

III

Plus peut-être en proportion qu'aucune autre plante de grande culture, la vigne d'Europe est exposée à des attaques qui en compromettent la santé générale, la végétation ou la fertilité. Sans parler des accidents climatériques tels que gelées, grêles, échaudage, il est des causes plus permanentes d'altération, telles que la mauvaise nature du sol, la stagnation des eaux autour des racines, qui déterminent des maladies plus ou moins caractérisées ; mais en dehors de ces affections générales notre vigne a contre elle une armée d'ennemis vivants qui peuvent se ranger sous deux chefs : les insectes et acariens ampélophages et les cryptogames. Plus variées comme espèces, étendues sur un espace plus vaste, les vignes d'Amérique n'ont pas moins d'ennemis que notre vigne d'Europe. En fait d'insectes, elles en ont même davantage, comme le prouvent les belles

---

1 D'après M. Bush, il se fabrique encore par an environ 60 millions de gallons de whisky aux États-Unis, mais heureusement la consommation et la production sont en décroissance (en raison de l'usage plus grand du vin). C'est ce que montrent les chiffres suivants de production de cette liqueur dans l'état de Kentucky : dans la saison de 1868-1869, 9,853,173 gallons ; de 1869 à 1870, 6,791,623 gallons ; de 1870 à 1871, 4 millions de gallons.

études consacrées à ce sujet dans les rapports entomologiques de M. Riley. Nous nous bornerons ici à signaler, parmi ces ennemis, insectes ou champignons parasites, ceux dont les ravages sont assez grands pour attirer l'attention générale. Commençons par les cryptogames qui jouent un rôle dans les maladies complexes vaguement appelées roi (pourriture) et *mildew* (nielle ou moisissure).

Le *rot* est la plus redoutée des maladies de la vigne en Amérique : c'est un vrai fléau tombant tout d'un coup sur la récolte, sur les grappes pleines de vie, et détruisant en un jour les espérances de l'année. Le mot est dans toutes les bouches aux États-Unis ; mais la chose elle-même n'est pas nettement élucidée et mérite sur place un examen plus attentif. Le *black rot*, pourriture noire, se manifeste aux mois de juin et de juillet lorsque des pluies très abondantes succèdent à de violents coups de soleil. Tout d'un coup des grappes encore vertes, plus qu'à demi développées, ont leurs grains comme brûlés sur un côté d'une tache brun clair avec un bord ou auréole plus foncée : au-dessous de la tâche, le tissu du grain durcit et le grain entier se dessèche ou pourrit suivant que le temps devient sec ou demeure humide. On pourrait croire qu'il y a dans ce fait une simple action météorique analogue à l'échaudage par exemple, si l'on ne voyait le plus souvent sur la pellicule de la tache poindre de toutes petites pustules saillantes, dont l'orifice presque imperceptible laisse sortir une gouttelette vermiculée de liqueur gluante, où le microscope révèle les spores d'un champignon du groupe de ceux appelés par les botanistes *pyrénomycètes* ou *hypoxylés*. Ces organismes ont le plus souvent des filaments nourriciers dissimulés sous l'épiderme des plantes, tandis que les appareils de fructification se font jour à l'extérieur. La cryptogame du *rot* a été décrite par MM. Curtis et Berkeley sous le nom de *phoma uvicola* ; mais l'histoire de son évolution est encore à faire, et jusqu'à présent rien n'a pu suggérer des moyens pratiques de s'opposer à ses ravages. Tous les raisins n'y sont heureusement pas sujets, mais le *catawba*, si précieux à d'autres égards, est un de ceux dont il rend la récolte précaire.

Sous le nom vague de *mildew*, deux parasites de la vigne sont souvent confondus par les viticulteurs américains : ce sont d'une part l'*oïdium Tuckeri*, et de l'autre le *peronospora viticola*, qu'on pourrait appeler *faux oïdium*. Connu en Europe depuis 1845 seulement, l'oïdium est certainement un parasite importé ; le docteur Montagne, de l'Institut, pensait même y reconnaître un champignon décrit par le botaniste Schweinitz comme attaquant parfois les raisins américains, Néanmoins, par un phénomène étrange, mais que l'exemple du phylloxéra explique en partie, il se trouve que cette cryptogame américaine sévit sur la vigne d'Europe cultivée en Amérique avec une prédilection marquée, tandis qu'elle est excessivement rare sur les vignes indigènes. Voilà donc un nouvel exemple à joindre à bien d'autres d'une parasite qui, presque inoffensive pour les plantes qui l'ont nourrie dans sa patrie, devient désastreuse pour une espèce étrangère, et qui n'acquiert son entier développement que sur cette même espèce dépaysée et soumise à des conditions spéciales de culture. Sous ce rapport, comme aussi par son premier mode d'introduction en Europe (dans les serres à raisin du voisinage de Londres), le phylloxéra reproduit à beaucoup d'égards l'histoire de l'oïdium.

Bien différent de ce dernier malgré des similitudes d'aspect, est le faux oïdium d'Amérique, le *peronospora viticola.* Son apparence est aussi celui d'une moisissure ; mais, tandis que l'oïdium recouvre à la fois les pampres entiers, tiges et feuilles, sur leurs deux surfaces, ainsi que les fruits, le faux oïdium ne se montre qu'à la face inférieure des feuilles. Il y forme des plaques irrégulières, d'étendue variable, souvent confluentes, non pas grisâtres comme celles de l'oïdium, mais d'un aspect blanc un peu cristallin dû à la demi-transparence des filaments qui composent ce feutrage superficiel. Cette moisissure est une proche alliée du *peronospora infestans*, champignon, filamenteux qui végète d'abord dans les fanes de la pomme de terre, puis se fait jour au dehors et envoie à travers le sol humide jusqu'aux tubercules les germes invisibles qui en causent l'altération morbide. Fidèle à ces habitudes de ses proches, le *peronospora* de la vigne végète dans le tissu de la feuille avant de venir fructifier au dehors ; aussi le résultat est-il le plus souvent une destruction totale du tissu dans les parties attaquées. De là chute des feuilles et souffrance indirecte de la plante entière, y compris les fruits et les sarments sur lesquels repose l'espoir de la prochaine récolte. Le vrai *mildew* ou faux oïdium sévit surtout en automne, sur beaucoup de cépages indigènes, sous l'influence de l'humidité froide ; l'oïdium au contraire, d'après M. Saunders, se développerait surtout en Amérique sous l'action de la chaleur sèche, observation qui ne cadre pas exactement avec ce qui se passe à cet égard en Europe.

Si j'ai donné quelques détails sur ces cryptogames nuisibles à la vigne d'Amérique, c'est qu'il importe de connaître ces ennemis au moment où l'importation en grand de cépages des États-Unis risque d'amener en Europe des hôtes si peu désirables ; et qui pourraient être des intrus fort importuns. Des lotions avec des liquides caustiques ou corrosifs agissant durant quelques minutes sur la surface entière des sarments reçus de l'autre côté de l'Atlantique seront une précaution utile, sinon un remède absolu contre les germes de ces cryptogames redoutées ; pourtant ce qui atténue nos craintes à ce sujet, c'est l'innocuité parfaite de l'introduction déjà ancienne en Europe du *catawba* et de l'*isabelle*, deux des cépages qui en Amérique sont le plus sujets aux maladies en question.

Eh quoi ! nous dira-t-on, vous osez courir le risque d'amener de nouveaux fléaux en important de nouvelles vignes ? N'est-ce déjà pas assez du phylloxéra, voulez-vous lui donner des aides pour achever de nous détruire ? La réponse à cette question, c'est l'étude même des cépages qu'on se propose d'introduire, question complexe et qui mérite quelques développements indispensables.

Étant donnés l'existence immémoriale du phylloxéra aux États-Unis et le fait de la mort fatale de notre vigne d'Europe dans cette région, il est clair que, si des vignes américaines vivent encore, si quelques-unes prospèrent, c'est qu'elles ont contre leur ennemi séculaire une force de résistance incontestable. Que des vignes à l'état sauvage jouissent de ce privilège, c'est chose assez naturelle. On sait que les types spontanés sont en général plus robustes que leurs descendants civilisés par la culture. Parmi les variétés elles-mêmes dont la culture s'est emparée, il se peut qu'une sélection naturelle ait peu à peu éliminé celles qui ne pouvaient lutter contre l'insecte ennemi. Cette hypothèse, émise avec réserve par M. Riley, rendrait compte de la persistance de certaines vignes américaines, de la demi-résistance de quelques autres, du déclin relatif d'un certain nombre. Ce serait comme dans la bataille de la vie, où les forts résistent, les faibles succombent, et où la vitalité ne s'établit pour les premiers qu'après la destruction graduelle des seconds. Le combat durerait encore en Amérique, sinon pour les espèces ou les variétés spontanées, arrivées depuis longtemps à une sorte d'équilibre instable, au moins pour les variétés introduites dans la culture ou artificiellement créées et dont plusieurs n'auront probablement qu'une existence transitoire. Sans nous arrêter à la théorie, voyons d'abord à cet égard les faits évidents et tâchons d'en tirer à notre profit les conséquences pratiques.

Lorsque, dans le cours des années 1867, 1868, 1869, le phylloxera eut détruit presque entier le vignoble de M. Laliman, près de Bordeaux, parmi ces vignes, la plupart d'origine américaine, quelques-unes demeurèrent luxuriantes et vigoureuses au milieu de leurs voisines misérables, mourantes ou mortes. Frappé de ce contraste, M, Laliman en conclut que ces cépages résistants au phylloxéra pourraient être une ressource comme remplaçans des cépages non résistants. M. Riley, de son côté, sans connaître les remarques du viticulteur bordelais, constatait en Amérique des faits analogues, et cette coïncidence suggérait à M. Gaston Bazille,[1] de Montpellier, l'idée que la greffe de nos variétés d'Europe sur les vignes résistantes d'Amérique pourrait être dans un temps prochain le seul moyen de reconstituer nos vignobles. Ces idées ont pris une forme plus nette à mesure que l'imminence de la ruine et les résultats incomplets, mais encourageants, de quelques expériences instituées à Montpellier ont rendu plus évident l'intérêt d'une étude sérieuse de cette question non-seulement en Europe, mais surtout en Amérique. Telle est l'origine de la mission que le ministre de l'agriculture voulut bien me confier en juillet 1873, et que j'ai accomplie en août, septembre et octobre de la même année. Enfermées dans de courtes limites de temps, mais secondées par le bon accueil et le concours généreux des savants et praticiens de ce grand pays, mes observations ont confirmé dans l'ensemble celles qui avaient servi de point de départ. Il me suffira de les résumer succinctement.

Au point de vue de leur résistance relative au phylloxéra, les vignes peuvent se ranger en trois groupes : les indemnes (celles qui n'en sont pas même attaquées), les résistantes et les non résistantes. <u>Dans la première</u> catégorie, je ne connais qu'une espèce, le *vitis ro-*

1 Le même viticulteur distingué, qui a tant fait pour l'étude du phylloxéra, songeait dès le mois de juillet 1869 à la possibilité de greffer nos vignes sur des plantes de la même famille, par exemple sur la vigne vierge, dont les racines pourraient, pensait-il, se trouver réfractaires au phylloxéra.

II. La vigne et le vin aux États-Unis.

tundifolia sous sa forme sauvage dite *muscadine*, et sous ses variétés de *scuppernong*, à fruit blanc, légèrement mordoré, ou de *mish*, à fruit violet, sans parler d'autres variétés que je n'ai pas vues. Des recherches réitérées n'ont pu m'y faire découvrir la moindre trace de phylloxéra, ni aux racines, ni aux feuilles. Du reste, c'est un fait admis dans le pays que ce cépage échappe à toutes les maladies comme à tous les insectes et notamment aux chenilles voraces d'un singulier papillon qui, dans le sud, détruit d'autres vignes en en rongeant les racines. Quelle est la raison probable de l'immunité de ce cépage vis-à-vis du phylloxéra ? Je la chercherais volontiers dans le goût manifestement acre des racines, comparé au goût douceâtre à peine mêlé d'arrière-goût acide des mêmes organes chez des variétés auxquelles l'insecte s'attache. Des recherches ultérieures seront bientôt possibles dans notre pays, où les *scuppernong* serviront à contrôler cette hypothèse, tout en confirmant, je l'espère, le fait de l'immunité de l'espèce.

Parmi les variétés résistantes, M. Laliman avait cru d'abord ne pouvoir comprendre que des vignes dérivées du *vitis œstivalis* ; il plaçait à tort dans ce groupe le *clinton*, et du fait que le *catawba* et l'*isabelle* avaient succombé dans ses cultures il croyait pouvoir induire que tous les dérivés de *labrusca* seraient voués, au même sort. Mieux renseigné sur les vrais noms des cépages, mieux instruit par des observations faites en grand dans le Missouri, M. Riley rectifia sur plusieurs points ces données, et, distinguant dans les variétés l'aptitude à nourrir le phylloxéra sur les feuilles ou à l'avoir sur les racines, il éclairait singulièrement cette question de la résistance relative des cépages. de ses observations et des miennes peut résulter dès à présent une sorte d'échelle de résistance des divers cépages, dans laquelle nous passerons des plus réfractaires à ceux qui le sont le moins. L'*herbemont*, le *cunningham* viennent en tête, sur la foi de Riley et surtout parce que, dans les expériences faites à Montpellier, leurs boutures, cultivées pendant deux ans entre des vignes d'Europe phylloxérées, ont mieux poussé que les *concord* eux-mêmes placés dans les mêmes conditions. D'ailleurs l'excellente qualité du vin et. l'absence de goût de cassis recommandent ces cépages pour la culture directe, sans greffage des nôtres, en Europe. Le *concord* est le plant rustique et vigoureux par excellence ; on recommande au même titre l'*hartford prolific*,

Jules-Émile Planchon

remarquable par l'abondance, la précocité de ses raisins, l'*ives seedling*, qui dans les cultures de l'Ohio prend la tête pour la production des vins rouges, le *martha*, raisin blanc qui, mêlé au *maxatawney*, donne l'un des meilleurs vins blancs de l'Amérique. Toutes ces variétés sont résistantes, bien qu'elles appartiennent au groupe des labrusca.

Cette qualité de résistance appartient également à plusieurs variétés dérivées des types sauvages *cordifolia* et *riparia*. En tête, je mettrais peut-être le *norton's virginia*, que j'ai vu à Webster, dans le Missouri, former un carré de vigne luxuriant et fertile juste à côté d'un carré de *catawba* du même âge en train de périr. Le *clinton* est un cépage populaire, plein de vigueur, relativement fertile, bien que ses raisins soient petits, peu juteux et légèrement framboises ; il se couvre parfois de galles phylloxériennes sans que ces déformations groupées en général au sommet des pampres compromettent la récolte ou même la santé du cep : seulement il faudra soigneusement enlever, dans l'intérêt des ceps voisins, ces nichées de phylloxéras. Le *taylor*, cépage blanc, donne un vin très délicat : on le dit malheureusement peu fertile, mais ses rameaux rampants ont une grande puissance de végétation.

Tous ces cépages et d'autres que j'omets ne sont pas, comme on pourrait le croire, à l'abri des attaques du phylloxéra : tous au contraire l'ont aux racines en quantité variable ; seulement l'action de l'insecte se borne le plus souvent au chevelu, sur lequel sa piqûre développe les nodosités caractéristiques sans que les générations nouvelles se portent en masses sur les divisions moyennes ou grosses de la racine, ou même sur la partie enterrée du tronc, comme la chose se passe d'habitude chez la vigne européenne. Est-ce à la vigueur plus grande des vignes américaines résistantes, au plus rapide développement de leur chevelu, qu'est due l'immunité relative de ces cépages ? Seraient-ils moins nutritifs pour l'insecte ? Ces explications restent incertaines, mais les faits eux-mêmes n'en sont pas moins constants, savoir la vigueur des ceps infestés et la moindre multiplication de l'insecte sur un cep donné.

Il est pourtant des cépages qui, s'ils ne meurent pas absolument et rapidement comme la vigne d'Europe, présentent en Amérique des signes non équivoques de dépérissement graduel. On a vu l'*isabelle* périr en France dans les vignes phylloxérées de

II. La vigne et le vin aux États-Unis.

M. Laliman : elle décline également en Amérique et commence à se faire rare dans les vignobles où elle était abondante autrefois ; le *catawba*, ce plant précieux qui a fait la fortune des fabricants de Champagne de Cincinnati, décline sensiblement, même dans les lieux où le climat lui est le plus favorable ; enfin le *delaware*, si justement recherché comme raisin de bouche et pour son vin délicat, est en pleine décadence dans la plupart des vignobles : on l'arrache aux environs de Sandusky et de Cleveland, et la seule vigne qui m'ait offert en Amérique l'aspect désolé des vignes mourantes de notre midi est un carré de *delaware* de l'île Kelley, placé juste à côté de *concords* et de *clintons* luxurians. Cette faiblesse vis-à-vis du phylloxéra est surtout très accusée chez les cépages hybrides dont on pourrait, par une métaphore souvent usinée, dire qu'ils ont du sang du *vitis vinifera* de la vigne de l'ancien monde. Presque partout j'ai vu ces hybrides donner des signes de souffrance et même de dépérissement, et, si parmi elles le *wilder* et le *goethe* ont jusqu'ici tenu bon, c'est peut-être que le temps de leur épreuve n'a pas encore assez duré.

En somme pourtant, les vignes américaines prises en masse luttent contre le phylloxéra, toujours présent autour d'elles ou sur elles, avec un succès qui chez beaucoup aboutit de fait à l'immunité. D'autres faiblissent, succombent même dans un combat inégal : la vigne d'Europe a toujours péri lorsqu'on l'a mise en Amérique aux prises avec cet implacable suceur ; elle périclite en ce moment dans son pays même, et ne peut être sauvée, en attendant mieux, que par le secours des vignes américaines.

Sous quelle forme ce secours nous viendra-t-il ? Sera-ce en greffant nos propres cépages sur ces vignes étrangères, dont les racines plus robustes leur fourniraient une base de nutrition permanente ? Quelques indices permettent de l'espérer : telle est par exemple une observation curieuse que j'ai relevée dans l'herbier de l'académie des sciences de Philadelphie. Annexée à un échantillon de vigne d'Europe cueilli au Texas se trouve une note du botaniste Buckley, constatant que ce raisin ne réussit pas sur son propre cep, mais qu'il prospère étant greffé sur le *mustang*, vigne sauvage de ce pays dont la vigueur est proverbiale, et que je voudrais voir introduire en Europe, parce que je soupçonne qu'il est réfractaire au phylloxéra peut-être autant que le *scuppernong*. Cette remarque

Jules-Émile Planchon

de feu Buckley prouve à la fois la possibilité de cette greffe et les bons effets qu'elle aurait pour la vigne d'Europe. Les exemples du même genre que j'ai vus à Kirkwood, près Saint-Louis, chez M. Gill, portent sur des vignes de Californie, européennes d'origine, greffées sur *concord*. Les résultats ne sont pas uniformes, — succès pour certains pieds, insuccès pour d'autres ; mais on ne saurait conclure ni pour ni contre avec des expériences peu nombreuses et dont on n'a pu contrôler les conditions. De nouveaux essais sont indispensables pour trancher cette question.

Mais, la greffe sur les vignes américaines échouerait-elle dans le résultat qu'on s'en promet, tout ne serait pas perdu pour cela ; il resterait à les cultiver pour elles-mêmes, pour leurs raisins, pour leurs vins comme pis-aller dans certains cas, avec avantage probablement dans les régions où les cépages n'ont pas la valeur de crus traditionnels et non susceptibles d'être remplacés. Ni le climat, ni le sol, ne sont des obstacles à cette naturalisation des vignes transatlantiques. Qui sait même si l'avenir ne nous réserve pas à cet égard des surprises, et si tel cépage, longtemps, méconnu dans les forêts du Nouveau-Monde, ne fera pas, sur le vieux sol de l'Europe, souche de nobles et vigoureux descendants ? Gardons-nous d'assigner en ce sens à la nature, à l'art, les bornes étroites de nos goûts ou de nos intérêts du moment. L'apparition de l'oïdium, qui menaça de ruiner nos vignes, a marqué le grand essor de la richesse vinicole du midi : le phylloxéra, si redoutable aujourd'hui, sèmera les ruines sur son passage ; mais, s'il nous pousse aux grands travaux de canalisation, s'il rend au bétail un peu de l'espace envahi par le vignoble, s'il nous oblige à varier les éléments de notre culture favorite, peut-être verra-t-on dans ce fléau un de ces agents mystérieux du progrès qui secouent la routine de l'homme, et l'amènent à marcher par la lutte à la conquête du monde.

ISBN : 978-1544198262

www.ingramcontent.com/pod-product-compliance
Lightning Source LLC
Chambersburg PA
CBHW072112280526
45788CB00006B/2506